最新法律文件解读丛书

民事法律文件解读

总第167辑(2018.11)

最新法律文件解读丛书编选组　编

人民法院出版社

图书在版编目(CIP)数据

民事法律文件解读. 总第167辑/最新法律文件解读丛书编选组编. —北京:人民法院出版社,2019.1
(最新法律文件解读丛书)
ISBN 978-7-5109-2364-7

Ⅰ.①民… Ⅱ.①最… Ⅲ.①民法-法律解释-中国②民事诉讼法-法律解释-中国 Ⅳ.①D923.05②D925.105

中国版本图书馆CIP数据核字(2018)第300318号

民事法律文件解读·总第167辑
最新法律文件解读丛书编选组 编

责任编辑 丁丽娜
出版发行 人民法院出版社
地　　址 北京市东城区东交民巷27号 邮编 100745
电　　话 (010)67550608(责任编辑) 67550558(发行部查询)
65223677(读者服务部)
客服QQ 2092078039
网　　址 http://www.courtbook.com.cn
E-mail courtbook@sina.com
印　　刷 三河市国英印务有限公司
经　　销 新华书店
开　　本 787×1092毫米 1/16
字　　数 140千字
印　　张 8
版　　次 2019年1月第1版 2019年1月第1次印刷
书　　号 ISBN 978-7-5109-2364-7
定　　价 22.00元

卷首语

近年来，党中央对发展“三农”出台了一系列政策，各项改革试点工作正在稳步推进。我国社会主要矛盾发生变化，农民对美好生活有了新的需求，农业农村在国民经济建设和“五位一体”总体布局中的地位更加凸显，人民法院服务和保障“三农”工作面临新的机遇和挑战。为进一步深入贯彻落实习近平总书记关于实施乡村振兴战略的重要论述，全面贯彻党的十九大精神和《中共中央、国务院关于实施乡村振兴战略的意见》《乡村振兴战略规划(2018—2022年)》，最高人民法院党组决定制定《最高人民法院关于为实施乡村振兴战略提供司法服务和保障的意见》(以下简称《意见》)。本辑收录《意见》的新闻发布稿就《意见》的起草背景、主要内容、人民法院贯彻《意见》应处理好六个关系作出了简要介绍。

本辑收录的环境资源审判保障长江经济带高质量发展典型案例涉及水污染防治、土壤污染治理、大气污染防治、林业资源保护等领域，涵摄大气、水、土壤、林草、湖泊、自然保护区等环境要素和自然资源。这些典型案例充分体现了长江流域环境资源审判紧紧围绕以水为核心的生态特征，同时具有长江经济带不同区段案件审判的特点，对于加强长江经济带乃至全国其他区域环境资源审判工作都具有重要的指导意义。

《最新法律文件解读》丛书
编　辑　部

范春雪　（010）67550525

姜　峤　（010）67550573

丁丽娜　（010）67550608

张　奎　（010）67550673

路建华　（010）67550660

执行编辑　丁丽娜

目　录

[法律、法律性文件与解读]

中华人民共和国广告法

（1994年10月27日第八届全国人民代表大会常务委员会第十次会议通过　2015年4月24日第十二届全国人民代表大会常务委员会第十四次会议修订　根据2018年10月26日第十三届全国人民代表大会常务委员会第六次会议《关于修改〈中华人民共和国野生动物保护法〉等十五部法律的决定》修正）

目　录

第一章　总　则

第一条　为了规范广告活动，保护消费者的合法权益，促进广告业的健康发展，维护社会经济秩序，制定本法。

第二条　在中华人民共和国境内，商品经营者或者服务提供者通过一定媒介和形式直接或者间接地介绍自己所推销的商品或者服务的商业广告活动，适用本法。

本法所称广告主，是指为推销商品或者服务，自行或者委托他人设计、制作、发布广告的自然人、法人或者其他组织。

本法所称广告经营者，是指接受委托提供广告设计、制作、代理服务的自然人、法人或者其他组织。

本法所称广告发布者，是指为广告主或者广告主委托的广告经营者发布广告的自然人、法人或者其他组织。

本法所称广告代言人，是指广告主以外的，在广告中以自己的名义或者形象对商品、服务作推荐、证明的自然人、法人或者其他组织。

第三条 广告应当真实、合法，以健康的表现形式表达广告内容，符合社会主义精神文明建设和弘扬中华民族优秀传统文化的要求。

第四条 广告不得含有虚假或者引人误解的内容，不得欺骗、误导消费者。

广告主应当对广告内容的真实性负责。

第五条 广告主、广告经营者、广告发布者从事广告活动，应当遵守法律、法规，诚实信用，公平竞争。

第六条 国务院市场监督管理部门主管全国的广告监督管理工作，国务院有关部门在各自的职责范围内负责广告管理相关工作。

县级以上地方市场监督管理部门主管本行政区域的广告监督管理工作，县级以上地方人民政府有关部门在各自的职责范围内负责广告管理相关工作。

第七条 广告行业组织依照法律、法规和章程的规定，制定行业规范，加强行业自律，促进行业发展，引导会员依法从事广告活动，推动广告行业诚信建设。

第二章 广告内容准则

第八条 广告中对商品的性能、功能、产地、用途、质量、成分、价格、生产者、有效期限、允诺等或者对服务的内容、提供者、形式、质量、价格、允诺等有表示的，应当准确、清楚、明白。

广告中表明推销的商品或者服务附带赠送的，应当明示所附带赠送商品或者服务的品种、规格、数量、期限和方式。

法律、行政法规规定广告中应当明示的内容，应当显著、清晰表示。

第九条 广告不得有下列情形：

（一）使用或者变相使用中华人民共和国的国旗、国歌、国徽，军旗、军歌、军徽；

（二）使用或者变相使用国家机关、国家机关工作人员的名义或者形象；

（三）使用“国家级”、“最高级”、“最佳”等用语；

（四）损害国家的尊严或者利益，泄露国家秘密；

（五）妨碍社会安定，损害社会公共利益；

（六）危害人身、财产安全，泄露个人隐私；

（七）妨碍社会公共秩序或者违背社会良好风尚；

（八）含有淫秽、色情、赌博、迷信、恐怖、暴力的内容；

（九）含有民族、种族、宗教、性别歧视的内容；

（十）妨碍环境、自然资源或者文化遗产保护；

（十一）法律、行政法规规定禁止的其他情形。

第十条 广告不得损害未成年人和残疾人的身心健康。

第十一条 广告内容涉及的事项需要取得行政许可的，应当与许可的内容相符合。

广告使用数据、统计资料、调查结果、文摘、引用语等引证内容的，应当真实、准确，并表明出处。引证内容有适用范围和有效期限的，应当明确表示。

第十二条 广告中涉及专利产品或者专利方法的，应当标明专利号和专利种类。

未取得专利权的，不得在广告中谎称取得专利权。

禁止使用未授予专利权的专利申请和已经终止、撤销、无效的专利作广告。

第十三条 广告不得贬低其他生产经营者的商品或者服务。

第十四条 广告应当具有可识别性，能够使消费者辨明其为广告。

大众传播媒介不得以新闻报道形式变相发布广告。通过大众传播媒介发布的广告应当显著标明“广告”，与其他非广告信息相区别，不得使消费者产生误解。

广播电台、电视台发布广告，应当遵守国务院有关部门关于时长、方式的规定，并应当对广告时长作出明显提示。

第十五条 麻醉药品、精神药品、医疗用毒性药品、放射性药品等特殊药品，药品类易制毒化学品，以及戒毒治疗的药品、医疗器械和治疗方法，不得作广告。

前款规定以外的处方药，只能在国务院卫生行政部门和国务院药品监督管理部门共同指定的医学、药学专业刊物上作广告。

第十六条 医疗、药品、医疗器械广告不得含有下列内容：

（一）表示功效、安全性的断言或者保证；

（二）说明治愈率或者有效率；

（三）与其他药品、医疗器械的功效和安全性或者其他医疗机构比较；

（四）利用广告代言人作推荐、证明；

（五）法律、行政法规规定禁止的其他内容。

药品广告的内容不得与国务院药品监督管理部门批准的说明书不一致，并应当显著标明禁忌、不良反应。处方药广告应当显著标明“本广告仅供医学药学专业人士阅读”，非处方药广告应当显著标明“请按药品说明书或者在药师指导下购买和使用”。

推荐给个人自用的医疗器械的广告，应当显著标明“请仔细阅读产品说明书或者在医务人员的指导下购买和使用”。医疗器械产品注册证明文件中有禁忌内容、注意事项的，广告中应当显著标明“禁忌内容或者注意事项详见说明书”。

第十七条 除医疗、药品、医疗器械广告外，禁止其他任何广告涉及疾病治疗功能，并不得使用医疗用语或者易使推销的商品与药品、医疗器械相混淆的用语。

第十八条 保健食品广告不得含有下列内容：

（一）表示功效、安全性的断言或者保证；

（二）涉及疾病预防、治疗功能；

（三）声称或者暗示广告商品为保障健康所必需；

（四）与药品、其他保健食品进行比较；

（五）利用广告代言人作推荐、证明；

（六）法律、行政法规规定禁止的其他内容。

保健食品广告应当显著标明“本品不能代替药物”。

第十九条 广播电台、电视台、报刊音像出版单位、互联网信息服务提供者不得以介绍健康、养生知识等形式变相发布医疗、药品、医疗器械、保健食品广告。

第二十条 禁止在大众传播媒介或者公共场所发布声称全部或者部分替代

母乳的婴儿乳制品、饮料和其他食品广告。

第二十一条 农药、兽药、饲料和饲料添加剂广告不得含有下列内容：

（一）表示功效、安全性的断言或者保证；

（二）利用科研单位、学术机构、技术推广机构、行业协会或者专业人士、用户的名义或者形象作推荐、证明；

（三）说明有效率；

（四）违反安全使用规程的文字、语言或者画面；

（五）法律、行政法规规定禁止的其他内容。

第二十二条 禁止在大众传播媒介或者公共场所、公共交通工具、户外发布烟草广告。禁止向未成年人发送任何形式的烟草广告。

禁止利用其他商品或者服务的广告、公益广告，宣传烟草制品名称、商标、包装、装潢以及类似内容。

烟草制品生产者或者销售者发布的迁址、更名、招聘等启事中，不得含有烟草制品名称、商标、包装、装潢以及类似内容。

第二十三条 酒类广告不得含有下列内容：

（一）诱导、怂恿饮酒或者宣传无节制饮酒；

（二）出现饮酒的动作；

（三）表现驾驶车、船、飞机等活动；

（四）明示或者暗示饮酒有消除紧张和焦虑、增加体力等功效。

第二十四条 教育、培训广告不得含有下列内容：

（一）对升学、通过考试、获得学位学历或者合格证书，或者对教育、培训的效果作出明示或者暗示的保证性承诺；

（二）明示或者暗示有相关考试机构或者其工作人员、考试命题人员参与教育、培训；

（三）利用科研单位、学术机构、教育机构、行业协会、专业人士、受益者的名义或者形象作推荐、证明。

第二十五条 招商等有投资回报预期的商品或者服务广告，应当对可能存在的风险以及风险责任承担有合理提示或者警示，并不得含有下列内容：

（一）对未来效果、收益或者与其相关的情况作出保证性承诺，明示或者暗示保本、无风险或者保收益等，国家另有规定的除外；

（二）利用学术机构、行业协会、专业人士、受益者的名义或者形象作推荐、证明。

第二十六条 房地产广告，房源信息应当真实，面积应当表明为建筑面积或者套内建筑面积，并不得含有下列内容：

（一）升值或者投资回报的承诺；

（二）以项目到达某一具体参照物的所需时间表示项目位置；

（三）违反国家有关价格管理的规定；

（四）对规划或者建设中的交通、商业、文化教育设施以及其他市政条件作误导宣传。

第二十七条 农作物种子、林木种子、草种子、种畜禽、水产苗种和种养殖广告关于品种名称、生产性能、生长量或者产量、品质、抗性、特殊使用价值、经济价值、适宜种植或者养殖的范围和条件等方面的表述应当真实、清楚、明白，并不得含有下列内容：

（一）作科学上无法验证的断言；

（二）表示功效的断言或者保证；

（三）对经济效益进行分析、预测或者作保证性承诺；

（四）利用科研单位、学术机构、技术推广机构、行业协会或者专业人士、用户的名义或者形象作推荐、证明。

第二十八条 广告以虚假或者引人误解的内容欺骗、误导消费者的，构成虚假广告。

广告有下列情形之一的，为虚假广告：

（一）商品或者服务不存在的；

（二）商品的性能、功能、产地、用途、质量、规格、成分、价格、生产者、有效期限、销售状况、曾获荣誉等信息，或者服务的内容、提供者、形式、质量、价格、销售状况、曾获荣誉等信息，以及与商品或者服务有关的允诺等信息与实际情况不符，对购买行为有实质性影响的；

（三）使用虚构、伪造或者无法验证的科研成果、统计资料、调查结果、文摘、引用语等信息作证明材料的；

（四）虚构使用商品或者接受服务的效果的；

（五）以虚假或者引人误解的内容欺骗、误导消费者的其他情形。

第三章　广告行为规范

第二十九条 广播电台、电视台、报刊出版单位从事广告发布业务的，应当设有专门从事广告业务的机构，配备必要的人员，具有与发布广告相适应的场所、设备，并向县级以上地方市场监督管理部门办理广告发布登记。

第三十条 广告主、广告经营者、广告发布者之间在广告活动中应当依法订立书面合同。

第三十一条 广告主、广告经营者、广告发布者不得在广告活动中进行任何形式的不正当竞争。

第三十二条 广告主委托设计、制作、发布广告，应当委托具有合法经营资格的广告经营者、广告发布者。

第三十三条 广告主或者广告经营者在广告中使用他人名义或者形象的，应当事先取得其书面同意；使用无民事行为能力人、限制民事行为能力人的名义或者形象的，应当事先取得其监护人的书面同意。

第三十四条 广告经营者、广告发布者应当按照国家有关规定，建立、健全广告业务的承接登记、审核、档案管理制度。

广告经营者、广告发布者依据法律、行政法规查验有关证明文件，核对广告内容。对内容不符或者证明文件不全的广告，广告经营者不得提供设计、制作、代理服务，广告发布者不得发布。

第三十五条 广告经营者、广告发布者应当公布其收费标准和收费办法。

第三十六条 广告发布者向广告主、广告经营者提供的覆盖率、收视率、点击率、发行量等资料应当真实。

第三十七条 法律、行政法规规定禁止生产、销售的产品或者提供的服务，以及禁止发布广告的商品或者服务，任何单位或者个人不得设计、制作、代理、发布广告。

第三十八条 广告代言人在广告中对商品、服务作推荐、证明，应当依据事实，符合本法和有关法律、行政法规规定，并不得为其未使用过的商品或者未接受过的服务作推荐、证明。

不得利用不满十周岁的未成年人作为广告代言人。

对在虚假广告中作推荐、证明受到行政处罚未满三年的自然人、法人或者其他组织，不得利用其作为广告代言人。

第三十九条 不得在中小学校、幼儿园内开展广告活动，不得利用中小学生和幼儿的教材、教辅材料、练习册、文具、教具、校服、校车等发布或者变相发布广告，但公益广告除外。

第四十条 在针对未成年人的大众传播媒介上不得发布医疗、药品、保健食品、医疗器械、化妆品、酒类、美容广告，以及不利于未成年人身心健康的网络游戏广告。

针对不满十四周岁的未成年人的商品或者服务的广告不得含有下列内容：

（一）劝诱其要求家长购买广告商品或者服务；

（二）可能引发其模仿不安全行为。

第四十一条 县级以上地方人民政府应当组织有关部门加强对利用户外场所、空间、设施等发布户外广告的监督管理，制定户外广告设置规划和安全要求。

户外广告的管理办法，由地方性法规、地方政府规章规定。

第四十二条 有下列情形之一的，不得设置户外广告：

（一）利用交通安全设施、交通标志的；

（二）影响市政公共设施、交通安全设施、交通标志、消防设施、消防安全标志使用的；

（三）妨碍生产或者人民生活，损害市容市貌的；

（四）在国家机关、文物保护单位、风景名胜区等的建筑控制地带，或者县级以上地方人民政府禁止设置户外广告的区域设置的。

第四十三条 任何单位或者个人未经当事人同意或者请求，不得向其住宅、交通工具等发送广告，也不得以电子信息方式向其发送广告。

以电子信息方式发送广告的，应当明示发送者的真实身份和联系方式，并向接收者提供拒绝继续接收的方式。

第四十四条 利用互联网从事广告活动，适用本法的各项规定。

利用互联网发布、发送广告，不得影响用户正常使用网络。在互联网页面以弹出等形式发布的广告，应当显著标明关闭标志，确保一键关闭。

第四十五条 公共场所的管理者或者电信业务经营者、互联网信息服务提供者对其明知或者应知的利用其场所或者信息传输、发布平台发送、发布违法广告的，应当予以制止。

第四章 监督管理

第四十六条 发布医疗、药品、医疗器械、农药、兽药和保健食品广告，以及法律、行政法规规定应当进行审查的其他广告，应当在发布前由有关部门

（以下称广告审查机关）对广告内容进行审查；未经审查，不得发布。

第四十七条 广告主申请广告审查，应当依照法律、行政法规向广告审查机关提交有关证明文件。

广告审查机关应当依照法律、行政法规规定作出审查决定，并应当将审查批准文件抄送同级市场监督管理部门。广告审查机关应当及时向社会公布批准的广告。

第四十八条 任何单位或者个人不得伪造、变造或者转让广告审查批准文件。

第四十九条 市场监督管理部门履行广告监督管理职责，可以行使下列职权：

（一）对涉嫌从事违法广告活动的场所实施现场检查；

（二）询问涉嫌违法当事人或者其法定代表人、主要负责人和其他有关人员，对有关单位或者个人进行调查；

（三）要求涉嫌违法当事人限期提供有关证明文件；

（四）查阅、复制与涉嫌违法广告有关的合同、票据、账簿、广告作品和其他有关资料；

（五）查封、扣押与涉嫌违法广告直接相关的广告物品、经营工具、设备等财物；

（六）责令暂停发布可能造成严重后果的涉嫌违法广告；

（七）法律、行政法规规定的其他职权。

市场监督管理部门应当建立健全广告监测制度，完善监测措施，及时发现和依法查处违法广告行为。

第五十条 国务院市场监督管理部门会同国务院有关部门，制定大众传播媒介广告发布行为规范。

第五十一条 市场监督管理部门依照本法规定行使职权，当事人应当协助、配合，不得拒绝、阻挠。

第五十二条 市场监督管理部门和有关部门及其工作人员对其在广告监督管理活动中知悉的商业秘密负有保密义务。

第五十三条 任何单位或者个人有权向市场监督管理部门和有关部门投诉、举报违反本法的行为。市场监督管理部门和有关部门应当向社会公开受理投诉、举报的电话、信箱或者电子邮件地址，接到投诉、举报的部门应当自收到投诉之日起七个工作日内，予以处理并告知投诉、举报人。

市场监督管理部门和有关部门不依法履行职责的，任何单位或者个人有权向其上级机关或者监察机关举报。接到举报的机关应当依法作出处理，并将处理结果及时告知举报人。

有关部门应当为投诉、举报人保密。

第五十四条 消费者协会和其他消费者组织对违反本法规定，发布虚假广告侵害消费者合法权益，以及其他损害社会公共利益的行为，依法进行社会监督。

第五章 法律责任

第五十五条 违反本法规定，发布虚假广告的，由市场监督管理部门责令停止发布广告，责令广告主在相应范围内消除影响，处广告费用三倍以上五倍以下的罚款，广告费用无法计算或者明显偏低的，处二十万元以上一百万元以下的罚款；两年内有三次以上违法行为或者有其他严重情节的，处广告费用五倍以上十倍以下的罚款，广告费用无法计算或者明显偏低的，处一百万元以上二百万元以下的罚款，可以吊销营业执照，并由广告审查机关撤销广告审查批准文件、一年内不受理其广告审查申请。

医疗机构有前款规定违法行为，情节严重的，除由市场监督管理部门依照本法处罚外，卫生行政部门可以吊销诊疗科目或者吊销医疗机构执业许可证。

广告经营者、广告发布者明知或者应知广告虚假仍设计、制作、代理、发布的，由市场监督管理部门没收广告费用，并处广告费用三倍以上五倍以下的罚款，广告费用无法计算或者明显偏低的，处二十万元以上一百万元以下的罚款；两年内有三次以上违法行为或者有其他严重情节的，处广告费用五倍以上十倍以下的罚款，广告费用无法计算或者明显偏低的，处一百万元以上二百万元以下的罚款，并可以由有关部门暂停广告发布业务、吊销营业执照、吊销广告发布登记证件。

广告主、广告经营者、广告发布者有本条第一款、第三款规定行为，构成犯罪的，依法追究刑事责任。

第五十六条 违反本法规定，发布虚假广告，欺骗、误导消费者，使购买商品或者接受服务的消费者的合法权益受到损害的，由广告主依法承担民事责任。广告经营者、广告发布者不能提供广告主的真实名称、地址和有效联系方式的，消费者可以要求广告经营者、广告发布者先行赔偿。

关系消费者生命健康的商品或者服务的虚假广告，造成消费者损害的，其广告经营者、广告发布者、广告代言人应当与广告主承担连带责任。

前款规定以外的商品或者服务的虚假广告，造成消费者损害的，其广告经营者、广告发布者、广告代言人，明知或者应知广告虚假仍设计、制作、代理、发布或者作推荐、证明的，应当与广告主承担连带责任。

第五十七条 有下列行为之一的，由市场监督管理部门责令停止发布广告，对广告主处二十万元以上一百万元以下的罚款，情节严重的，并可以吊销营业执照，由广告审查机关撤销广告审查批准文件、一年内不受理其广告审查申请；对广告经营者、广告发布者，由市场监督管理部门没收广告费用，处二十万元以上一百万元以下的罚款，情节严重的，并可以吊销营业执照、吊销广告发布登记证件：

（一）发布有本法第九条、第十条规定的禁止情形的广告的；

（二）违反本法第十五条规定发布处方药广告、药品类易制毒化学品广告、戒毒治疗的医疗器械和治疗方法广告的；

（三）违反本法第二十条规定，发布声称全部或者部分替代母乳的婴儿乳制品、饮料和其他食品广告的；

（四）违反本法第二十二条规定发布烟草广告的；

（五）违反本法第三十七条规定，利用广告推销禁止生产、销售的产品或者提供的服务，或者禁止发布广告的商品或者服务的；

（六）违反本法第四十条第一款规定，在针对未成年人的大众传播媒介上发布医疗、药品、保健食品、医疗器械、化妆品、酒类、美容广告，以及不利于未成年人身心健康的网络游戏广告的。

第五十八条 有下列行为之一的，由市场监督管理部门责令停止发布广告，责令广告主在相应范围内消除影响，处广告费用一倍以上三倍以下的罚款，广告费用无法计算或者明显偏低的，处十万元以上二十万元以下的罚款；情节严重的，处广告费用三倍以上五倍以下的罚款，广告费用无法计算或者明显偏低的，处二十万元以上一百万元以下的罚款，可以吊销营业执照，并由广告审查机关撤销广告审查批准文件、一年内不受理其广告审查申请：

（一）违反本法第十六条规定发布医疗、药品、医疗器械广告的；

（二）违反本法第十七条规定，在广告中涉及疾病治疗功能，以及使用医疗用语或者易使推销的商品与药品、医疗器械相混淆的用语的；

（三）违反本法第十八条规定发布保健食品广告的；

（四）违反本法第二十一条规定发布农药、兽药、饲料和饲料添加剂广告的；

（五）违反本法第二十三条规定发布酒类广告的；

（六）违反本法第二十四条规定发布教育、培训广告的；

（七）违反本法第二十五条规定发布招商等有投资回报预期的商品或者服务广告的；

（八）违反本法第二十六条规定发布房地产广告的；

（九）违反本法第二十七条规定发布农作物种子、林木种子、草种子、种畜禽、水产苗种和种养殖广告的；

（十）违反本法第三十八条第二款规定，利用不满十周岁的未成年人作为广告代言人的；

（十一）违反本法第三十八条第三款规定，利用自然人、法人或者其他组织作为广告代言人的；

（十二）违反本法第三十九条规定，在中小学校、幼儿园内或者利用与中小学生、幼儿有关的物品发布广告的；

（十三）违反本法第四十条第二款规定，发布针对不满十四周岁的未成年人的商品或者服务的广告的；

（十四）违反本法第四十六条规定，未经审查发布广告的。

医疗机构有前款规定违法行为，情节严重的，除由市场监督管理部门依照本法处罚外，卫生行政部门可以吊销诊疗科目或者吊销医疗机构执业许可证。

广告经营者、广告发布者明知或者应知有本条第一款规定违法行为仍设计、制作、代理、发布的，由市场监督管理部门没收广告费用，并处广告费用一倍以上三倍以下的罚款，广告费用无法计算或者明显偏低的，处十万元以上二十万元以下的罚款；情节严重的，处广告费用三倍以上五倍以下的罚款，广告费用无法计算或者明显偏低的，处二十万元以上一百万元以下的罚款，并可以由有关部门暂停广告发布业务、吊销营业执照、吊销广告发布登记证件。

第五十九条 有下列行为之一的，由市场监督管理部门责令停止发布广告，对广告主处十万元以下的罚款：

（一）广告内容违反本法第八条规定的；

（二）广告引证内容违反本法第十一条规定的；

（三）涉及专利的广告违反本法第十二条规定的；

（四）违反本法第十三条规定，广告贬低其他生产经营者的商品或者服务的。

广告经营者、广告发布者明知或者应知有前款规定违法行为仍设计、制作、代理、发布的，由市场监督管理部门处十万元以下的罚款。

广告违反本法第十四条规定，不具有可识别性的，或者违反本法第十九条规定，变相发布医疗、药品、医疗器械、保健食品广告的，由市场监督管理部门责令改正，对广告发布者处十万元以下的罚款。

第六十条 违反本法第二十九条规定，广播电台、电视台、报刊出版单位未办理广告发布登记，擅自从事广告发布业务的，由市场监督管理部门责令改正，没收违法所得，违法所得一万元以上的，并处违法所得一倍以上三倍以下的罚款；违法所得不足一万元的，并处五千元以上三万元以下的罚款。

第六十一条 违反本法第三十四条规定，广告经营者、广告发布者未按照国家有关规定建立、健全广告业务管理制度的，或者未对广告内容进行核对的，由市场监督管理部门责令改正，可以处五万元以下的罚款。

违反本法第三十五条规定，广告经营者、广告发布者未公布其收费标准和收费办法的，由价格主管部门责令改正，可以处五万元以下的罚款。

第六十二条 广告代言人有下列情形之一的，由市场监督管理部门没收违法所得，并处违法所得一倍以上二倍以下的罚款：

（一）违反本法第十六条第一款第四项规定，在医疗、药品、医疗器械广告中作推荐、证明的；

（二）违反本法第十八条第一款第五项规定，在保健食品广告中作推荐、证明的；

（三）违反本法第三十八条第一款规定，为其未使用过的商品或者未接受过的服务作推荐、证明的；

（四）明知或者应知广告虚假仍在广告中对商品、服务作推荐、证明的。

第六十三条 违反本法第四十三条规定发送广告的，由有关部门责令停止违法行为，对广告主处五千元以上三万元以下的罚款。

违反本法第四十四条第二款规定，利用互联网发布广告，未显著标明关闭标志，确保一键关闭的，由市场监督管理部门责令改正，对广告主处五千元以上三万元以下的罚款。

第六十四条 违反本法第四十五条规定，公共场所的管理者和电信业务经营者、互联网信息服务提供者，明知或者应知广告活动违法不予制止的，由市场监督管理部门没收违法所得，违法所得五万元以上的，并处违法所得一倍以上三倍以下的罚款，违法所得不足五万元的，并处一万元以上五万元以下的罚款；情节严重的，由有关部门依法停止相关业务。

第六十五条 违反本法规定，隐瞒真实情况或者提供虚假材料申请广告审查的，广告审查机关不予受理或者不予批准，予以警告，一年内不受理该申请人的广告审查申请；以欺骗、贿赂等不正当手段取得广告审查批准的，广告审查机关予以撤销，处十万元以上二十万元以下的罚款，三年内不受理该申请人的广告审查申请。

第六十六条 违反本法规定，伪造、变造或者转让广告审查批准文件的，由市场监督管理部门没收违法所得，并处一万元以上十万元以下的罚款。

第六十七条 有本法规定的违法行为的，由市场监督管理部门记入信用档案，并依照有关法律、行政法规规定予以公示。

第六十八条 广播电台、电视台、报刊音像出版单位发布违法广告，或者以新闻报道形式变相发布广告，或者以介绍健康、养生知识等形式变相发布医疗、药品、医疗器械、保健食品广告，市场监督管理部门依照本法给予处罚的，应当通报新闻出版、广播电视主管部门以及其他有关部门。新闻出版、广播电视主管部门以及其他有关部门应当依法对负有责任的主管人员和直接责任人员给予处分；情节严重的，并可以暂停媒体的广告发布业务。

新闻出版、广播电视主管部门以及其他有关部门未依照前款规定对广播电台、电视台、报刊音像出版单位进行处理的，对负有责任的主管人员和直接责任人员，依法给予处分。

第六十九条 广告主、广告经营者、广告发布者违反本法规定，有下列侵权行为之一的，依法承担民事责任：

（一）在广告中损害未成年人或者残疾人的身心健康的；

（二）假冒他人专利的；

（三）贬低其他生产经营者的商品、服务的；

（四）在广告中未经同意使用他人名义或者形象的；

（五）其他侵犯他人合法民事权益的。

第七十条 因发布虚假广告，或者有其他本法规定的违法行为，被吊销营业执照的公司、企业的法定代表人，对违法行为负有个人责任的，自该公司、企业被吊销营业执照之日起三年内不得担任公司、企业的董事、监事、高级管理人员。

第七十一条 违反本法规定，拒绝、阻挠市场监督管理部门监督检查，或者有其他构成违反治安管理行为的，依法给予治安管理处罚；构成犯罪的，依法追究刑事责任。

第七十二条 广告审查机关对违法的广告内容作出审查批准决定的，对负有责任的主管人员和直接责任人员，由任免机关或者监察机关依法给予处分；构成犯罪的，依法追究刑事责任。

第七十三条 市场监督管理部门对在履行广告监测职责中发现的违法广告行为或者对经投诉、举报的违法广告行为，不依法予以查处的，对负有责任的主管人员和直接责任人员，依法给予处分。

市场监督管理部门和负责广告管理相关工作的有关部门的工作人员玩忽职守、滥用职权、徇私舞弊的，依法给予处分。

有前两款行为，构成犯罪的，依法追究刑事责任。

第六章 附 则

第七十四条 国家鼓励、支持开展公益广告宣传活动，传播社会主义核心价值观，倡导文明风尚。

大众传播媒介有义务发布公益广告。广播电台、电视台、报刊出版单位应当按照规定的版面、时段、时长发布公益广告。公益广告的管理办法，由国务院市场监督管理部门会同有关部门制定。

第七十五条 本法自2015年9月1日起施行。

[行政法规、法规性文件与解读]

行政区划管理条例

（2017 年 11 月 22 日国务院第 193 次常务会议通过
2018 年 10 月 10 日国务院令第 704 号公布
自 2019 年 1 月 1 日起施行）

第一条 为了加强行政区划的管理，根据《中华人民共和国宪法》和《中华人民共和国地方各级人民代表大会和地方各级人民政府组织法》、《中华人民共和国民族区域自治法》的有关规定，制定本条例。

第二条 行政区划管理工作应当加强党的领导，加强顶层规划。行政区划应当保持总体稳定，必须变更时，应当本着有利于社会主义现代化建设、有利于推进国家治理体系和治理能力现代化、有利于行政管理、有利于民族团结、有利于巩固国防的原则，坚持与国家发展战略和经济社会发展水平相适应、注重城乡统筹和区域协调、推进城乡发展一体化、促进人与自然和谐发展的方针，制订变更方案，逐级上报审批。行政区划的重大调整应当及时报告党中央。

第三条 行政区划的设立、撤销以及变更隶属关系或者行政区域界线时，应当考虑经济发展、资源环境、人文历史、地形地貌、治理能力等情况；变更人民政府驻地时，应当优化资源配置、便于提供公共服务；变更行政区划名称时，应当体现当地历史、文化和地理特征。

第四条 国务院民政部门负责全国行政区划的具体管理工作。国务院其他有关部门按照各自职责做好全国行政区划相关的管理工作。

县级以上地方人民政府民政部门负责本行政区域行政区划的具体管理工

作。县级以上地方人民政府其他有关部门按照各自职责做好本行政区域行政区划相关的管理工作。

第五条 县级以上人民政府应当加强对行政区划管理工作的领导，将行政区划工作纳入国民经济和社会发展规划，将行政区划的管理工作经费纳入预算。

第六条 省、自治区、直辖市的设立、撤销、更名，报全国人民代表大会批准。

第七条 下列行政区划的变更由国务院审批：

（一）省、自治区、直辖市的行政区域界线的变更，人民政府驻地的迁移，简称、排列顺序的变更；

（二）自治州、县、自治县、市、市辖区的设立、撤销、更名和隶属关系的变更以及自治州、自治县、设区的市人民政府驻地的迁移；

（三）自治州、自治县的行政区域界线的变更，县、市、市辖区的行政区域界线的重大变更；

（四）凡涉及海岸线、海岛、边疆要地、湖泊、重要资源地区及特殊情况地区的隶属关系或者行政区域界线的变更。

第八条 县、市、市辖区的部分行政区域界线的变更，县、不设区的市、市辖区人民政府驻地的迁移，国务院授权省、自治区、直辖市人民政府审批；批准变更时，同时报送国务院备案。

第九条 乡、民族乡、镇的设立、撤销、更名，行政区域界线的变更，人民政府驻地的迁移，由省、自治区、直辖市人民政府审批。

第十条 依照法律、国家有关规定设立的地方人民政府的派出机关的撤销、更名、驻地迁移、管辖范围的确定和变更，由批准设立该派出机关的人民政府审批。

第十一条 市、市辖区的设立标准，由国务院民政部门会同国务院其他有关部门拟订，报国务院批准。

镇、街道的设立标准，由省、自治区、直辖市人民政府民政部门会同本级人民政府其他有关部门拟订，报省、自治区、直辖市人民政府批准；批准设立标准时，同时报送国务院备案。

第十二条 依照本条例报送国务院备案的事项，径送国务院民政部门。

第十三条 申请变更行政区划向上级人民政府提交的材料应当包括：

（一）申请书；

（二）与行政区划变更有关的历史、地理、民族、经济、人口、资源环境、行政区域面积和隶属关系的基本情况；

（三）风险评估报告；

（四）专家论证报告；

（五）征求社会公众等意见的情况；

（六）变更前的行政区划图和变更方案示意图；

（七）国务院民政部门规定应当提交的其他材料。

第十四条 县级以上人民政府民政部门在承办行政区划变更的工作时，应当根据情况分别征求有关机构编制部门和本级人民政府的外事、发展改革、民族、财政、自然资源、住房城乡建设、城乡规划等有关部门的意见；在承办民族自治地方的行政区划变更的工作时，应当同民族自治地方的自治机关和有关民族的代表充分协商。

第十五条 有关地方人民政府应当自审批机关批准行政区划变更之日起12个月内完成变更；情况复杂，12个月内不能完成变更的，经审批机关批准，可以延长6个月；完成变更时，同时向审批机关报告。

第十六条 行政区划变更后，应当依照法律、行政法规和国家有关规定勘定行政区域界线，并更新行政区划图。

第十七条 行政区划变更后，需要变更行政区划代码的，由民政部门于1个月内确定、公布其行政区划代码。

第十八条 行政区划变更后，有关地方人民政府应当向社会公告。

第十九条 国务院民政部门应当建立行政区划管理的信息系统。

省、自治区、直辖市人民政府应当及时向国务院民政部门报送本行政区域行政区划变更的信息。

第二十条 县级以上人民政府民政部门，应当加强对行政区划档案的管理。

行政区划管理中形成的请示、报告、图表、批准文件以及与行政区划管理工作有关的材料，应当依法整理归档，妥善保管。具体办法由国务院民政部门会同国家档案行政管理部门制定。

第二十一条 上级人民政府应当加强对下级人民政府行政区划管理工作的监督、指导。

第二十二条 违反本条例规定，未及时完成行政区划变更、备案、信息报送的，由上一级人民政府责令限期完成。

第二十三条 违反本条例规定，擅自变更行政区划的，由上一级人民政府责令改正；对直接负责的主管人员和其他直接责任人员，依法给予处分。

第二十四条 违反本条例规定，在行政区划变更过程中弄虚作假的，对直接负责的主管人员和其他直接责任人员，依法给予处分；构成犯罪的，依法追究刑事责任。

第二十五条 国家工作人员在行政区划的管理工作中，滥用职权、玩忽职守、徇私舞弊的，依法给予处分；构成犯罪的，依法追究刑事责任。

第二十六条 国务院民政部门可以依据本条例的规定，制定具体实施办法。

第二十七条 本条例自2019年1月1日起施行。1985年1月15日国务院发布的《国务院关于行政区划管理的规定》同时废止。

民政部、司法部相关负责人就《行政区划管理条例》答记者问

《行政区划管理条例》（以下简称《条例》）将于2019年1月1日起施行。这项《条例》出台有何意义？与百姓生活有何关系？撤县改市将如何开展？民政部、司法部相关负责人就这些问题进行了详细解答。

问：出台《条例》有何意义？

答：随着经济社会快速发展，行政区划管理工作面临的改革发展稳定任务越来越重，原有的规定无法满足实际工作需要，《条例》的出台对于行政区划管理深入贯彻落实改革任务、主动对接国家重大发展战略具有重要意义。

问：行政区划与百姓生活有何关系？

答：行政区划离人们既不遥远，更说不上神秘。人们在成长、求学、工作

过程中都要填许多表格，表格中每个人需要填写的籍贯，就是行政区划。生活中每个人都有一个身份证，经常都要在外出办事时提供身份证号码，身份证号码的前6位就是行政区划的代码，就能知道人们来自哪个省、自治区或直辖市。

问：行政区划管理将在撤县改市中采取哪些措施？

答：为了积极、稳妥、扎实地做好撤县改市工作，民政部门将采取三个措施。一是明确要求、严格规范。按照党中央、国务院要求，进一步更新设立县级市的条件，明确申报审核程序，确保撤县改市的地方真正符合新型城镇化的需要。二是专家论证、效果评估。把专家论证意见作为审核撤县改市的一个重要依据，并建立行政区划调整效果评估工作机制，把调整后的实际效果作为后续审核撤县改市工作的一个重要参考。三是区域协调、统筹推进。除对每个申报地方进行详细审核之外，还将从总体上把握撤县改市的区域布局，把握好撤县设市的幅度、力度和速度。此外，还将把社会公众意见作为审核撤县改市的重要考量。

问：下一步将着重开展哪些工作？

答：一是在行政区划管理工作中进一步加强党的领导。《条例》明确要求行政区划管理工作应当加强党的领导，行政区划的重大调整应当及时报告党中央。二是进一步提升行政区划工作服务大局的能力。民政部门将按照《条例》的要求，把贯彻落实党中央重大决策部署放在行政区划工作的首位，作为衡量工作成效的首要标准，进一步提升行政区划设置的规范性、科学性、有效性。三是切实抓好《条例》贯彻落实。一方面，抓好《条例》配套制度建设，全面梳理现行政策制度和做法，加强行政区划管理政策制度立改废工作。另一方面，要加强培训，要学好、用好、落实好《条例》，全面提升行政区划管理的法治化和规范化水平。

专利代理条例

（1991年3月4日国务院令第76号发布　2018年9月6日国务院第23次常务会议修订通过　2018年11月6日国务院令第706号公布　自2019年3月1日起施行）

第一章　总　则

第一条　为了规范专利代理行为，保障委托人、专利代理机构和专利代理师的合法权益，维护专利代理活动的正常秩序，促进专利代理行业健康发展，根据《中华人民共和国专利法》，制定本条例。

第二条　本条例所称专利代理，是指专利代理机构接受委托，以委托人的名义在代理权限范围内办理专利申请、宣告专利权无效等专利事务的行为。

第三条　任何单位和个人可以自行在国内申请专利和办理其他专利事务，也可以委托依法设立的专利代理机构办理，法律另有规定的除外。

专利代理机构应当按照委托人的委托办理专利事务。

第四条　专利代理机构和专利代理师执业应当遵守法律、行政法规，恪守职业道德、执业纪律，维护委托人的合法权益。

专利代理机构和专利代理师依法执业受法律保护。

第五条　国务院专利行政部门负责全国的专利代理管理工作。

省、自治区、直辖市人民政府管理专利工作的部门负责本行政区域内的专利代理管理工作。

第六条　专利代理机构和专利代理师可以依法成立和参加专利代理行业组织。

专利代理行业组织应当制定专利代理行业自律规范。专利代理行业自律规范不得与法律、行政法规相抵触。

国务院专利行政部门依法对专利代理行业组织进行监督、指导。

第二章　专利代理机构和专利代理师

第七条　专利代理机构的组织形式应当为合伙企业、有限责任公司等。

第八条　合伙企业、有限责任公司形式的专利代理机构从事专利代理业务应当具备下列条件：

（一）有符合法律、行政法规规定的专利代理机构名称；

（二）有书面合伙协议或者公司章程；

（三）有独立的经营场所；

（四）合伙人、股东符合国家有关规定。

第九条　从事专利代理业务，应当向国务院专利行政部门提出申请，提交有关材料，取得专利代理机构执业许可证。国务院专利行政部门应当自受理申请之日起20日内作出是否颁发专利代理机构执业许可证的决定。

专利代理机构合伙人、股东或者法定代表人等事项发生变化的，应当办理变更手续。

第十条　具有高等院校理工科专业专科以上学历的中国公民可以参加全国专利代理师资格考试；考试合格的，由国务院专利行政部门颁发专利代理师资格证。专利代理师资格考试办法由国务院专利行政部门制定。

第十一条　专利代理师执业应当取得专利代理师资格证，在专利代理机构实习满1年，并在一家专利代理机构从业。

第十二条　专利代理师首次执业，应当自执业之日起30日内向专利代理机构所在地省、自治区、直辖市人民政府管理专利工作的部门备案。

省、自治区、直辖市人民政府管理专利工作的部门应当为专利代理师通过互联网备案提供方便。

第三章　专利代理执业

第十三条　专利代理机构可以接受委托，代理专利申请、宣告专利权无效、转让专利申请权或者专利权以及订立专利实施许可合同等专利事务，也可以应当事人要求提供专利事务方面的咨询。

第十四条　专利代理机构接受委托，应当与委托人订立书面委托合同。专利代理机构接受委托后，不得就同一专利申请或者专利权的事务接受有利益冲突的其他当事人的委托。

专利代理机构应当指派在本机构执业的专利代理师承办专利代理业务，指派的专利代理师本人及其近亲属不得与其承办的专利代理业务有利益冲突。

第十五条 专利代理机构解散或者被撤销、吊销执业许可证的，应当妥善处理各种尚未办结的专利代理业务。

第十六条 专利代理师应当根据专利代理机构的指派承办专利代理业务，不得自行接受委托。

专利代理师不得同时在两个以上专利代理机构从事专利代理业务。

专利代理师对其签名办理的专利代理业务负责。

第十七条 专利代理机构和专利代理师对其在执业过程中了解的发明创造的内容，除专利申请已经公布或者公告的以外，负有保守秘密的义务。

第十八条 专利代理机构和专利代理师不得以自己的名义申请专利或者请求宣告专利权无效。

第十九条 国务院专利行政部门和地方人民政府管理专利工作的部门的工作人员离职后，在法律、行政法规规定的期限内不得从事专利代理工作。

曾在国务院专利行政部门或者地方人民政府管理专利工作的部门任职的专利代理师，不得对其审查、审理或者处理过的专利申请或专利案件进行代理。

第二十条 专利代理机构收费应当遵循自愿、公平和诚实信用原则，兼顾经济效益和社会效益。

国家鼓励专利代理机构和专利代理师为小微企业以及无收入或者低收入的发明人、设计人提供专利代理援助服务。

第二十一条 专利代理行业组织应当加强对会员的自律管理，组织开展专利代理师业务培训和职业道德、执业纪律教育，对违反行业自律规范的会员实行惩戒。

第二十二条 国务院专利行政部门和省、自治区、直辖市人民政府管理专利工作的部门应当采取随机抽查等方式，对专利代理机构和专利代理师的执业活动进行检查、监督，发现违反本条例规定的，及时依法予以处理，并向社会公布检查、处理结果。检查不得收取任何费用。

第二十三条 国务院专利行政部门和省、自治区、直辖市人民政府管理专利工作的部门应当加强专利代理公共信息发布，为公众了解专利代理机构经营情况、专利代理师执业情况提供查询服务。

第四章　法律责任

第二十四条　以隐瞒真实情况、弄虚作假手段取得专利代理机构执业许可证、专利代理师资格证的，由国务院专利行政部门撤销专利代理机构执业许可证、专利代理师资格证。

专利代理机构取得执业许可证后，因情况变化不再符合本条例规定的条件的，由国务院专利行政部门责令限期整改；逾期未改正或者整改不合格的，撤销执业许可证。

第二十五条　专利代理机构有下列行为之一的，由省、自治区、直辖市人民政府管理专利工作的部门责令限期改正，予以警告，可以处10万元以下的罚款；情节严重或者逾期未改正的，由国务院专利行政部门责令停止承接新的专利代理业务6个月至12个月，直至吊销专利代理机构执业许可证：

（一）合伙人、股东或者法定代表人等事项发生变化未办理变更手续；

（二）就同一专利申请或者专利权的事务接受有利益冲突的其他当事人的委托；

（三）指派专利代理师承办与其本人或者其近亲属有利益冲突的专利代理业务；

（四）泄露委托人的发明创造内容，或者以自己的名义申请专利或请求宣告专利权无效；

（五）疏于管理，造成严重后果。

专业代理机构在执业过程中泄露委托人的发明创造内容，涉及泄露国家秘密、侵犯商业秘密的，或者向有关行政、司法机关的工作人员行贿，提供虚假证据的，依照有关法律、行政法规的规定承担法律责任；由国务院专利行政部门吊销专利代理机构执业许可证。

第二十六条　专利代理师有下列行为之一的，由省、自治区、直辖市人民政府管理专利工作的部门责令限期改正，予以警告，可以处5万元以下的罚款；情节严重或者逾期未改正的，由国务院专利行政部门责令停止承办新的专利代理业务6个月至12个月，直至吊销专利代理师资格证：

（一）未依照本条例规定进行备案；

（二）自行接受委托办理专利代理业务；

（三）同时在两个以上专利代理机构从事专利代理业务；

（四）违反本条例规定对其审查、审理或者处理过的专利申请或专利案件进行代理；

（五）泄露委托人的发明创造内容，或者以自己的名义申请专利或请求宣告专利权无效。

专利代理师在执业过程中泄露委托人的发明创造内容，涉及泄露国家秘密、侵犯商业秘密的，或者向有关行政、司法机关的工作人员行贿，提供虚假证据的，依照有关法律、行政法规的规定承担法律责任；由国务院专利行政部门吊销专利代理师资格证。

第二十七条 违反本条例规定擅自开展专利代理业务的，由省、自治区、直辖市人民政府管理专利工作的部门责令停止违法行为，没收违法所得，并处违法所得1倍以上5倍以下的罚款。

第二十八条 国务院专利行政部门或者省、自治区、直辖市人民政府管理专利工作的部门的工作人员违反本条例规定，滥用职权、玩忽职守、徇私舞弊的，依法给予处分；构成犯罪的，依法追究刑事责任。

第五章 附 则

第二十九条 外国专利代理机构在中华人民共和国境内设立常驻代表机构，须经国务院专利行政部门批准。

第三十条 律师事务所可以依据《中华人民共和国律师法》、《中华人民共和国民事诉讼法》等法律、行政法规开展与专利有关的业务，但从事代理专利申请、宣告专利权无效业务应当遵守本条例规定，具体办法由国务院专利行政部门商国务院司法行政部门另行制定。

第三十一条 代理国防专利事务的专利代理机构和专利代理师的管理办法，由国务院专利行政部门商国家国防专利机构主管机关另行制定。

第三十二条 本条例自2019年3月1日起施行。

本条例施行前依法设立的专利代理机构以及依法执业的专利代理人，在本条例施行后可以继续以专利代理机构、专利代理师的名义开展专利代理业务。

国家知识产权局、司法部有关负责人解读新《专利代理条例》

修订后的《专利代理条例》将于2019年3月1日起施行。国家知识产权局、司法部有关负责人介绍了《专利代理条例》修改的有关情况。

强化责任　提升专利代理质量

专利代理是创新成果转化为专利权的重要环节，是一个基础性工作。通过一系列修改，新的《专利代理条例》能够直接或间接地促进专利代理质量提升。

增加了专利代理师签名责任，明确专利代理师应当对其签名办理的专利代理业务负责。

增加了专利代理援助服务的内容。鼓励专利代理机构对一些特定群体提供代理援助服务，帮助小微企业、无收入、低收入群体申请专利，维护其合法权益。

增加了专业代理机构信息公开的内容，让社会公众能够更好地了解优秀的代理机构，进一步优化专利代理服务。

增加了行业自律方面的内容，专利代理行业组织要开展专利代理师业务培训，加强职业道德和执业纪律的教育，对违反行业自律规范的会员实行惩戒。

进一步强化了政府监管方面的内容，要求相关部门采取随机抽查的方式，对专利代理机构和专利代理师执业活动进行检查。如果发现违规情况，要及时依法进行处理。

放宽准入　优化营商环境

这次修改，按照“最大限度减少政府对市场资源的直接支配、最大限度减少政府对市场活动的直接干预，放活微观主体”的精神，取消了两项行政审批，优化了两项行政审批，同时还放宽了专利代理师、代理机构的准入条件。

代理机构市场准入制度改革是其中的重要内容。

——改革专利代理机构的设立审批制度。将现行条例规定的设立专利代理机构审批改为从事专利代理业务审批，放在工商登记之后，实行“先照后证”。

——简化了审批程序，从事专利代理业务直接由国务院专利行政部门来审批，同时取消了实践中专利代理机构设立分支机构的审批。

——放宽了专利代理机构的执业准入条件，为放宽专利代理机构的组织形式限制，以及对合伙人、股东的要求留下了必要的空间。

通过改进专利代理行业准入制度，以求进一步优化营商环境，促进专利代理的专业化和市场化。

惩治“黑代理”　规范市场秩序

近年来，我国专利代理行业快速发展。截至2018年10月底，我国执业专利代理人达到18468人，专利代理机构达到2126家。能够提供涉外服务、专利预警、分析、许可、质押融资、专利诉讼、调解等服务的代理机构数量不断增加。

专利代理行业规模逐渐壮大，整体服务能力提升，基本保障了专利制度的良好运行。但由于利益的驱动，市场上也开始出现“黑代理”违法行为。

所谓“黑代理”，是指没有经过许可，擅自开展专利代理业务的违法行为。这些“黑代理”缺少专业化的素质和能力，通常采取虚假宣传、低价竞争等不正当手段吸引客户，给创新主体造成了不必要的损失，扰乱了正常的专利代理市场秩序。

新的《专利代理条例》明确规定了“黑代理”的法律责任，对违反相关规定擅自开展专利代理业务的，由省级管理专利工作的部门责令停止违法行为，没收违法所得，并处一定数额的罚款。

[司法解释、司法指导性文件与解读]

最高人民法院
印发《关于为实施乡村振兴战略提供司法服务和保障的意见》的通知

2018年10月23日　　法发〔2018〕19号

各省、自治区、直辖市高级人民法院，解放军军事法院，新疆维吾尔自治区高级人民法院生产建设兵团分院：

为深入贯彻落实习近平总书记关于实施乡村振兴战略的重要论述，全面贯彻党的十九大精神和《中共中央国务院关于实施乡村振兴战略的意见》《乡村振兴战略规划（2018—2022年）》，充分发挥人民法院审判职能作用，为实施乡村振兴战略提供有力的司法服务和保障，我院制定了《最高人民法院关于为实施乡村振兴战略提供司法服务和保障的意见》。现将意见印发给你们，请结合实际认真贯彻执行。

执行中有何问题，请及时报告我院。

最高人民法院
关于为实施乡村振兴战略提供司法服务和保障的意见

为深入贯彻落实习近平总书记关于实施乡村振兴战略的重要论述，全面贯彻党的十九大精神和《中共中央国务院关于实施乡村振兴战略的意见》（以下简称《意见》）、《乡村振兴战略规划（2018—2022年）》，充分发挥人民法院审判职能作用，为实施乡村振兴战略提供有力的司法服务和保障，提出以下意见。

一、切实提高政治站位，增强为实施乡村振兴战略提供司法服务和保障的责任感和使命感

1. 实施乡村振兴战略是党的十九大作出的重大决策部署。充分认识实施乡村振兴战略是决胜全面建成小康社会、全面建设社会主义现代化国家的重大历史任务，对于解决人民日益增长的美好生活需要和不平衡不充分的发展之间的矛盾、实现“两个一百年”奋斗目标、实现全体人民共同富裕具有重大意义。深刻领会习近平总书记关于实施乡村振兴战略的重要论述、党的十九大和《意见》精神，自觉承担人民法院肩负的神圣职责和重要使命，切实增强为实施乡村振兴战略提供司法服务和保障的自觉性、主动性，充分发挥人民法院在实施乡村振兴战略中的服务和保障作用。

2. 实施乡村振兴战略是新时期党的“三农”工作的理论创新和政策创新。党的十八大以来，在以习近平同志为核心的党中央坚强领导下，“三农”工作取得了重大成绩，积累了丰富经验。《意见》针对我国社会主要矛盾已经转化为人民日益增长的美好生活需要和不平衡不充分的发展之间的矛盾以及我国发展不平衡不充分问题在乡村最为突出的实际，明确了乡村振兴战略的指导思想、目标任务、基本原则和工作重点。各级人民法院要准确把握《意见》精神，在司法审判执行工作中深入贯彻新时期党的“三农”理论和工作政策。

3. 实施乡村振兴战略是新时代“三农”工作的总抓手。农业、农村、农民问题是关系国计民生的根本性问题。乡村在保障粮食安全、供给农业产品、提供生态屏障、传承传统文化等方面具有独特功能，在经济社会全面发展中具有不可替代的重要地位。《意见》对实施乡村振兴战略作出顶层设计，把农业农村优先发展作为现代化建设的一个重大原则，把振兴乡村作为实现中华民族伟大复兴的一个重大任务，对做好新时代“三农”工作具有十分重要的指导意义。各级人民法院要抓牢把好乡村振兴战略这一新时代“三农”工作的总抓手，依法妥善处理乡村振兴战略实施过程中的各类矛盾纠纷，推动农业全面升级、农村全面进步、农民全面发展，在中华民族伟大复兴的“三农”新篇章中书写人民司法的精彩一页。

二、准确把握指导思想和基本原则，不断推进为实施乡村振兴战略提供司法服务和保障工作向纵深发展

4. 各级人民法院要以习近平新时代中国特色社会主义思想为指导，全面贯彻党的十九大和十九届二中、三中全会精神。牢固树立新发展理念，促进农业农村高质量发展。紧紧围绕统筹推进“五位一体”总体布局和协调推进“四个全面”战略布局，坚持把开展涉“三农”司法审判、服务和保障实施乡村振兴战略作为人民法院工作的重中之重，坚持农业农村优先发展，增加乡村地区司法资源供给。按照产业兴旺、生态宜居、乡风文明、治理有效、生活富裕的总要求，助推乡村治理体系和治理能力现代化，促进农业农村现代化和城乡融合发展，坚持中国特色社会主义乡村振兴道路。通过发挥人民法院司法审判职能作用，促进全面实现“农业强、农村美、农民富”的目标，让农业成为有奔头的产业，让农民成为有吸引力的职业，让农村成为安居乐业的美丽家园。

5. 人民法院服务和保障实施乡村振兴战略应坚持以下基本原则。坚持服务和保障农业农村优先发展，加大对乡村地区司法资源投入力度，提高乡村司法服务的覆盖面和便利性；坚持稳中求进的工作总基调，着力维护农村基本制度稳定，依法依规支持农村试点地区改革试点工作；坚持依法保障农民主体地位，依法保护广大农民合法权益，尊重农民意愿，调动亿万农民的积极性、主动性、创造性；坚持服务乡村全面振兴，准确把握乡村振兴的科学内涵，积极服务和保障农村经济建设、政治建设、文化建设、社会建设和生态文明建设；坚持助推城乡融合发展，依法破除城乡交易壁垒，推动形成工农互促、城乡互补、全面融合、共同繁荣的新型工农城乡关系；坚持促进人与自然和谐共生，严守生态保护红线，助推乡村绿色发展；坚持聚焦审判、因地制宜，立足于发挥审判职能开展服务和保障工作，因地施策，对症下药，不搞一刀切，不搞形式主义，真抓实干、久久为功。

三、助推农村改革发展，夯实农业农村现代化发展的基础

6. 依法妥善审理农村土地承包案件，深入贯彻落实中央关于承包地“三权分置”改革政策。依法保护农民合作社、家庭农场等农业经营主体的合法权益，维护农村土地集体所有制和家庭承包经营为基础、统分结合的双层经营

体制，确保土地承包关系保持稳定并长久不变，促进完善农村基本经营制度。按照“落实集体所有权、稳定农户承包权、放活土地经营权”要求保护农村承包地的土地经营权依法有序流转。按照物权法、农村土地承包法等规定保护农民对承包土地享有的占有、使用、收益等法定权利。在充分尊重农民真实意愿的基础上，合理有序促进农业市场化、集约化、组织化、规模化发展。

7. 依法依规调处农村宅基地“三权分置”、集体经营性建设用地入市等纠纷，保障农村土地制度改革。在保护农村宅基地农户资格权和农民房屋财产权的基础上，依法保护宅基地、农村集体建设用地使用权流转和符合土地利用总体规划的农村住宅、农业设施和休闲旅游设施等建设，大力支持改革试点地区开展农村土地制度改革试点工作。对于违规违法买卖宅基地、违反土地用途管制、工商企业和城市居民下乡利用农村宅基地建设别墅大院和私人会馆的行为，依法认定无效。

8. 依法妥善审理耕地保护纠纷案件，维护国家粮食安全。贯彻落实永久基本农田特殊保护制度，依法依规严肃处理占用耕地特别是占用永久基本农田，违法违规建设非农设施，改变土地性质和用途的行为，涉嫌犯罪的依法追究刑事责任。维护和支持行政机关依法行政，确保实现“用途管制、节约利用、严格管理”的耕地保护目标。坚持恢复性司法理念，对污染或破坏耕地、将基本农田改作他用的，依法判令责任人采取污染治理、复垦等恢复性补救措施，坚守耕地红线。

9. 依法妥善审理农村基础设施建设和基本公共服务案件，推动基础设施建设提档升级和基本公共服务全面发展。加强农业基础设施建设工程案件的审判工作，依法严厉打击破坏农田水利工程、防洪工程等建设工程的犯罪行为，加大对小型农田水利设施、小流域综合治理等建设项目投资者利益的保障力度，促进农村基础设施建设和发展。依法妥善审理农村地区医疗保险、养老保险等纠纷案件，促进农村社会保障体系建设。

10. 依法打击制裁生产、销售伪劣商品等违法犯罪行为，保障实施质量兴农战略。依法惩治生产销售假种子、假化肥、假农药等不符合国家强制性技术标准或安全标准的农业生产资料、伪劣商品等违法犯罪行为，保护农业生产经营秩序，促进农产品从有到优转变、农业从增产导向向提质导向转变。维护市场秩序，引导农村生产经营者树立质量第一、诚信经营的理念。

11. 依法保护乡村投资者等各类市场主体合法权益，激发市场主体活力。

依法保护农户间多样化的联合与合作，加大对农民专业合作社、专业服务公司等新型农村市场主体的保护力度，促进小农户和现代农业发展的有机衔接。依法保护乡村投资人权益，引导社会资金流向乡村，补齐乡村发展面临的资金短板。对于农村集体经济组织将资源转变为资产、资金转变为股金、农民转变为股东而形成的新农村集体经济实现形式和运行机制，应依法依规予以保护。

12. 依法妥善审理农村产权保护以及各类合同纠纷案件，筑牢乡村良好营商环境的市场基础。加大对乡村非公有财产权的保护力度，激发产权人的积极性和创造性。依法保护人才、土地、资本等生产要素和商品服务在城乡之间双向流动，促进城乡融合发展。在司法审判中弘扬严守合同、诚实守信的契约精神，发挥市场在乡村资源配置中的决定性作用，积极推动形成全国统一、城乡一体的生产要素市场、产品服务市场、劳动市场和金融市场。

13. 依法保护农业农村知识产权，助力农业转型升级。进一步加强涉农知识产权案件审判工作，促进农业科技成果转化，推动农村经济走转型升级和创新发展道路，补齐农业农村发展面临的科技短板。严厉打击涉农知识产权犯罪，严格依法审判涉农知识产权侵权和违约行为，加大对涉农知识产权、特别是具有自主知识产权的重大农业科技成果和动植物新品种的保护力度。加强对农产品商标、地理标志或集体商标、证明商标的保护，推动农产品的品牌建设。提高对非物质文化遗产的司法保护力度，促进非物质文化遗产的保护和开发。

14. 依法规范各类金融行为，促进金融服务农村实体经济。依法保护资金互助等有利于降低交易成本、适合农民需求、符合法律规定的交易模式，促进农村金融体制改革，引导更多金融资源配置到乡村经济社会发展的重点领域和薄弱环节，助力实现乡村产业兴旺、农民生活富裕。严厉打击“套路贷”诈骗等犯罪行为，严格依法限制高利贷，加大对变相收取高息行为的审查力度，规范和引导民间借贷健康发展。依法保护农业信贷、普惠金融，促进金融资源向“三农”倾斜。

15. 依法妥善审理“三农”领域涉外案件，积极支持农业走出国门。加强农产品国际贸易、农业服务贸易、农业国际投融资领域民商事案件审判。加大打击走私动植物新品种等涉农产品、动植物新品种贸易犯罪行为的力度，维护农业进出口市场秩序。加强与“一带一路”沿线国家和地区的司法交流和司法协作，不断完善服务和保障农产品贸易、农业国际投融资的司法政策。

16. 依法惩治破坏农村经济秩序犯罪，维护安全有序的生产环境。加强对涉“三农”非法集资犯罪的惩治力度，在农村地区通过多种形式开展防范非法集资的宣传教育，提高农村群众的防风险意识，维护农村金融秩序。依法惩治生产安全责任事故犯罪，严格依法追究相关责任人员刑事责任，切实维护乡村生产经营安全、建设工程安全和教育设施安全。

17. 依法加大涉农案件执行力度，及时实现农民合法权利。乡村涉民生案件，优先立案、优先执行、优先发放执行款。用好执行网络查控系统，解决涉农案件查人找物难题。用好失信联合惩戒系统，有效震慑和阻遏规避执行、逃避执行的行为。用好网络司法拍卖平台，解决涉农案件被执行财产特别是农产品、鲜活物品变现难等问题。依托四级法院执行指挥中心，实现执行工作有效联动，形成攻克涉农案件执行难的合力。积极开展涉农执行积案清理专项活动，着力解决农民群众急盼解决的执行难题。

四、强化环境资源保护，助推乡村生态文明建设

18. 准确理解和把握绿色发展与乡村振兴、生态环境保护与乡村经济发展的辩证关系。牢固树立和践行绿水青山就是金山银山的理念，保护和促进乡村旅游产业发展。倡导绿色生活方式，促进乡村不断改善人居环境。围绕建设生态宜居乡村的总体要求，助推农业生产方式由过度消耗资源型向节能减排绿色发展型转变，实现社会生产良性循环。

19. 依法妥善审理环境资源民事案件，引导树立良好的环境保护理念。依法妥善审理涉及乡村土壤、水源污染等环境侵权案件，准确认定责任主体，严格追究民事责任，探索惩罚性赔偿制度在环境污染和生态破坏纠纷案件中的适用，积极营造不敢污染、不愿污染的法治环境。积极稳妥审理乡村生态补偿案件，推动形成生态损害者赔偿、受益者付费、保护者受偿的工作机制。依法妥善审理在发展乡村生态旅游过程中产生的合同纠纷和人身、财产损害等侵权纠纷案件，保障各方当事人合法权益，促进农业生态产品和服务供给。

20. 依法妥善审理环境资源行政案件，促进环境行政执法的法治化、规范化。依法审理涉及乡村土地、森林、山岭、草原、滩涂等行政确权案件，加强对乡村自然资源的保护。依法妥善审理生态功能区生态移民和生态补偿等相关行政案件，推动生态保护补偿机制落实。依法妥善审理因乡村环境监管、污染物排放许可、农业面源污染防治、禁牧轮休以及环境保护税等税费征收引发的

行政案件，支持和监督环境资源保护行政主管部门依法履职。

21. 依法妥善审理环境公益诉讼案件、生态环境损害赔偿案件以及其他新型环境资源案件。及时受理和审理符合法定条件的社会组织提起的环境民事公益诉讼案件以及检察机关提起的乡村环境民事、行政公益诉讼案件和刑事附带民事公益诉讼案件，不断完善环境公益诉讼案件审理程序和配套机制。依法妥善审理法定机关提起的乡村生态环境损害赔偿案件，追究责任主体的生态环境损害赔偿责任。

22. 依法妥善审理污染乡村环境、破坏乡村生态刑事案件。依法严惩环境监管失职犯罪和造成环境污染、生态破坏严重后果的重大安全责任事故等犯罪行为，筑牢乡村生态环境安全司法保护屏障。在环境资源刑事案件审理中探索将环境资源生态价值损失作为定罪量刑的情节。对因污染环境、破坏资源的违法犯罪行为受到损害的农民和农村集体经济组织，依法保护其请求损害赔偿的权利。

23. 优化协同审判机制，提升乡村绿色发展司法服务保障水平。强化环境资源专业化审判机构配置和审判人员培养。建立与公安、检察和环境资源保护相关主管部门的执法协调联动机制，积极发挥基层人民调解委员会的职能和作用，推动构建乡村环境资源纠纷多元化解决机制，实现对乡村自然生态系统的全方位保护。

五、弘扬社会主义核心价值观，促进文明和谐平安乡村建设

24. 大力弘扬社会美德，传承发展提升农村优秀传统文化。依法妥善处理乡村邻里纠纷，弘扬守望相助、崇德修睦的乡邻美德，维护熟人社会基于血缘、亲缘、宗缘、地缘关系建立的情感和道德纽带。注意甄别地方风俗、民族习惯，通过司法审判引导农村摒弃高额彩礼、干预婚姻自由、不赡养老人等不良风气。通过司法审判依法监督行政机关在农村公共文化建设、移风易俗行动中依法行使职权，推动乡风文明新气象的形成。

25. 推进家事审判方式和工作机制改革，促进乡村和谐家庭建设。对于陷入危机的婚姻，要加强救治，大力弘扬家庭美德，着力维护家庭稳定。对于感情确已破裂的婚姻，要注意钝化家庭矛盾，预防因家庭纠纷导致恶性伤害事件发生。引导家庭成员树立行为规范，弘扬优良传统道德，培育家庭美德。积极巩固有利于家庭稳定的财产制度和情感基础，着力保护未成年人、妇女和老年

人的合法权益。

26. 推动扫黑除恶专项斗争不断向纵深发展，增强农村群众的安全感和幸福感。坚决依法从严从快惩处把持农村基层政权、操纵破坏农村基层换届选举、垄断农村资源、侵吞集体资产的黑恶势力；利用家族、宗族势力横行乡里、称霸一方、欺压残害百姓的“村霸”等黑恶势力；在农村地区征地、租地、拆迁、工程项目建设、交通运输、矿产资源、渔业捕捞等行业、领域，强揽工程、恶意竞标、非法占地、滥开滥采的黑恶势力；在农村地区商贸集市、批发市场欺行霸市、强买强卖、收保护费的“市霸”“行霸”等黑恶势力；在农村地区操纵、经营“黄赌毒”等违法犯罪活动以及非法高利放贷，暴力讨债，插手民间纠纷，充当“地下执法队”的黑恶势力。坚决依法从严从快惩处黑恶势力“保护伞”。

27. 依法惩治危害农村社会安全的犯罪，推进“法治乡村”“平安乡村”建设。贯彻宽严相济刑事政策，促进乡村和谐稳定。依法妥善审理因婚恋纠纷、邻里纠纷、土地权属纠纷、征地拆迁纠纷等引发的刑事案件，做好调解工作，争取案结事了。充分尊重符合社会主义核心价值观的农村风俗和生活习惯，审慎审理因农民日常生产生活引发的刑事案件。将依法惩处与系统治理、综合治理、源头治理有机结合，从源头上防范农村各类犯罪，维护广大农村地区的社会治安稳定。

28. 加大对失信被执行人联合信用惩戒力度，在涉农案件执行领域树立褒奖诚信、惩戒失信的价值导向。注重发挥乡村干部、司法协理员、人民调解员等基层工作者的重要作用，加强执行和解，增进邻里和睦，促进乡村稳定。将执行过程与乡村社会矛盾纠纷多元化解决机制有效对接，与乡规民约、善风美俗建设有效对接，不断推进乡村社会主义核心价值观建设。

六、树立自治法治德治相结合理念，推动乡村治理体系和治理能力现代化

29. 准确把握村民自治与国家法治的关系，积极搭建法治与德治的桥梁，促进完善乡村自治、法治、德治相结合的治理体系。充分保护村民的自治权利，坚持农民在乡村振兴战略中的主体地位，审慎把握村民自治与国家法治之间的边界。在实行自治和法治的同时，注重发挥好德治的作用。坚持寓德治于法治，用法治促德治，让柔性的道德获得有力的推行，使道德与法律相得益

彰。通过发挥司法审判的道德引导、行为规范作用，推动礼仪之邦、优秀传统文化和法治社会建设相辅相成。依法打击农村基层“微腐败”“蝇贪”，积极参与基层治理，助力实现乡村治理有效的目标。

30. 坚持政教分离政策，严禁宗教干预国家司法职能的实施。禁止邀请宗教人士利用信教群众的宗教信仰来处理农村矛盾纠纷。正确把握宗教教义与民族习惯、社会道德的边界，依法惩处打着宗教旗号侵害广大信教群众、农村群众的婚姻自由权、人身自由权、人格尊严权、信仰与不信仰宗教自由权和财产权等合法权益的行为，依法严厉打击组织和利用邪教组织犯罪。通过巡回审理、以案说法等方式，教育引导广大信教群众正确认识和处理国法和教规的关系，提高法治观念。

31. 建立健全涉农纠纷多元化解决机制，增强矛盾纠纷预防化解的整体合力。加强人民法院与农村农业管理部门、司法行政管理部门、妇联等政权组织和群众自治组织的沟通与协作，健全乡村调解仲裁、行政裁决、行政复议、司法诉讼有机衔接、相互协调的多元化纠纷解决机制。推进建立“一门式办理”“一站式服务”等综合服务平台，传承发展“枫桥经验”，积极推广“寻乌经验”。建立健全乡村调解、县市仲裁、司法保障相结合的农村土地承包经营纠纷调处机制。在农业以及乡村交通、环境、市场监管、文化等领域加强与相关行政主管部门的沟通协调，提高司法与行政执法的协同能力，不断完善乡村法律公共服务体系，形成乡村法治建设的合力。

32. 加强基层基础建设，做好人民法庭工作。坚持“三个面向”和“两便”原则，充分发挥人民法庭靠近乡村、贴近群众的优势，切实开展好人民法庭工作。加强人民法庭管理，建立完善案件审判质量、效率考评体系和法庭综合监督评价体系。加强人民法庭建设，着力解决农村人民法庭人员配备、职级待遇、安全保卫、经费和物质装备保障等问题，确保人民法院基层基础工作顺利开展。坚持和完善人民法庭巡回审理制度，不断提高巡回审理的效果和水平。

33. 深入贯彻实施人民陪审员法，不断完善人民陪审员制度。坚持随机抽选人民陪审员候选人、随机抽选确定人民陪审员人选制度，充分发挥人民陪审员的参审作用，推进司法民主，促进司法公正，实现司法专业化判断与老百姓朴素认知的有机统一。积极履行对人民陪审员的指引、提示等义务，但不得妨碍人民陪审员对案件的独立判断。大力宣传人民陪审员制度，着力提升人民陪审员的履职保障水平，推动形成各职能部门协调配合、人民群众理解支持、人民陪审员积极有序参审的良好局面。

34. 加强农村法治宣传教育，提高农村自治组织和农民尊法、学法、守法、用法意识。深入挖掘涉“三农”案例资源，通过以案说法等方式加强农村法治宣传。积极开展法治宣传、开庭审判进村入校活动，对于具有“审理一案、教育一片”效果的案件，积极开展巡回审理。积极与广播电视台等新闻媒体合作，通过法治节目等方式宣传法治，采用群众喜闻乐见的方式、通俗易懂的语言，让广大农村群众接受法治教育。

七、加强权益保护，满足农民日益增长的美好生活需要

35. 依法保护农民合法权益，发挥农民在乡村振兴中的主体作用。要以农民权利保护为出发点和落脚点，正确处理农村集体经济组织、农村承包经营户和农民各类主体之间的权利义务关系，维护农村生产经营秩序。坚持农民集体所有不动摇、集体资产不流失、农民权利不受损的原则，依法妥善处理农村集体产权制度改革中发生的矛盾纠纷。依法妥善审理非法截留、扣缴农民承包收益案件，保护农民承包经营收益。通过加强农民权利的司法保护，调动广大农民的积极性、主动性、创造性。

36. 依法保护农民人格权，加大乡村地区人权司法保护力度。依法惩处为追讨债务而侵害农民人身自由、人格尊严的行为。严厉打击违法用工单位或个人非法拘禁、强迫农民工从事危重劳动，非法收买和使用被拐骗儿童劳动、乞讨等违法犯罪行为。依法妥善审理农村食品、药品安全纠纷案件，保护农民身体健康权。依法惩处虐待、遗弃等犯罪行为，着力保护农村空巢老人和留守儿童的合法权益。依法督促未成年人的监护人履行保障适龄青少年接受义务教育的义务，保护农村儿童的受教育权。

37. 依法妥善处理农村集体经济组织成员资格问题，保护农民基本财产权利。充分认识集体经济组织成员资格对农民享有土地承包经营权、宅基地使用权和集体收益分配权等基本财产权利的重要意义，审慎处理尊重村民自治和保护农民基本财产权利的关系，防止简单以村民自治为由剥夺村民的基本财产权利。不断加强与农村农业管理部门、土地管理部门等单位的沟通协作，依法依规保护农村外嫁女、入赘婿的合法权益。

38. 依法保护农民工合法权益，发挥农民工在乡村振兴中的积极作用。加

大对进城务工农民工在劳动条件、劳动报酬以及工伤、医疗、养老保险等方面合法权益的保护。依法保护进城落户农民的土地承包经营权、宅基地使用权、集体收益分配权和返乡创业农民工合法权益。着力保护在城市生活农民工子女的受教育权、人身安全和人格尊严，让农民工既入得了城、扎得下根，又回得了村、稳得住心。

39. 依法妥善审理农村集体土地征收、农民房屋拆迁及安置补偿纠纷案件，切实保护被征地农民的合法权益。要按照法律规定的征地用途和目的，将是否按照同地同价原则、及时足额对农村集体经济组织和农民予以合理补偿，是否解决好被征地农民就业、住房和社会保障，是否有利于促进农业农村发展、维护农村社会稳定和谐、加强农村生态文明建设等，作为认定征地行为合法性的重要因素。

40. 依法惩治侵害农民权益犯罪，保护农村群众人身和财产安全。依法严惩针对农村留守老人、妇女、儿童实施的强奸、猥亵、拐卖、收买、诈骗等犯罪，积极探索老人、妇女、儿童司法保护与行政、家庭、学校、社会保护衔接机制，推进联动机制试点工作。依法妥善处理校园霸凌等案件，通过司法审判、法治宣传教育引导广大农村青少年健康成长，督促学校加强管理。积极参与打击治理电信网络新型违法犯罪专项工作，着力开展防电信诈骗宣传进农村、进基层活动，有效预防和减少电信诈骗案件发生。

41. 推进智慧法院建设和司法公开，提升农村群众对公正司法的获得感。建设智慧法院、网上司法社区，涵盖涉农案件的网上立案、网上信访、进度查询、材料收转、在线庭审等功能模块，完善道路交通事故纠纷“一键理赔”等在线司法服务，让“信息多跑路，农民少跑腿”。坚持庭审直播和裁判文书上网制度，方便农村群众观看庭审、查阅文书，实现看得见的公正司法。

42. 将党的群众路线与司法专业化相结合，不断满足农民日益增长的对社会公平正义的需求。采用“群众说理、法官说法”等方式，将群众路线、群众工作方法与司法专业化相结合，以农村群众能够理解、感受的方式实现社会公平正义。尊重不违反法律强制性规定的村规民约、乡风民俗，妥善把握民事审判对习惯的适用。完善人民法院网络涉执申诉平台，拓展乡村群众诉求表达渠道。

43. 完善司法为民便民利民措施，不断提高司法服务“三农”的能力。推行上门立案、电话立案、预约立案等工作方式，畅通司法便民“最后一公里”。在交通不便、人员稀少的偏远地区，就地开展法律咨询、代写诉讼文书、调解纠纷，就地立案、开庭、调解，当庭裁判，增强诉讼服务的可得性、易得性。深入推进繁简分流和调解速裁工作机制建设，开辟涉农维权案件绿色通道，完善案件繁简分流机制。加强释明工作，做好对农村群众的诉讼引导和帮助。

44. 积极助力精准扶贫，保障打赢脱贫攻坚战。打好脱贫攻坚战是实施乡村振兴战略的优先任务。依法妥善处理农村劳动争议案件，对拖欠农民工工资、劳务报酬等类型案件做到快立快审快执，帮助有劳动能力的贫困人口通过辛勤劳动脱贫致富。依法妥善审理扶贫搬迁相关案件以及贫困人口医疗保险、社会保障、社会救济纠纷案件，保护贫困人口生活安定。依法审理挪用、贪污扶贫款等案件，严厉惩处扶贫领域的腐败行为。

45. 加强农村司法救助，保护困难群体的基本权利。完善对经济困难的当事人缓、减、免交诉讼费的具体条件与标准，对追索抚养费、赡养费、扶养费、人身损害赔偿金、劳动报酬且经济上确有困难的群众，依法采取缓、减、免交诉讼费措施。加大刑事司法救助力度，对生活困难的被害人及其亲属依法及时给予司法救助。做好执行司法救助工作，细化救助标准，推进救助公开，将司法救助款项精准发放到符合救助条件的农民群众手中。

关于发布《最高人民法院关于为实施乡村振兴战略提供司法服务和保障的意见》的新闻发布稿

最高人民法院党组副书记、副院长　江必新

（2018 年 11 月 7 日）

各位记者朋友：

大家好！今天召开新闻发布会，发布《最高人民法院关于为实施乡村振兴战略提供司法服务和保障的意见》（以下简称《意见》）。按照安排，由我向大家简要介绍一下《意见》的起草背景、主要内容和贯彻落实中需要处理好的关系。

一、《意见》的起草背景

农业农村农民问题是关系国计民生的根本性问题。“三农”工作是一项带有全局性、战略性、根本性的工作。党的十八大以来，以习近平同志为核心的党中央始终坚持把解决好“三农”问题作为全党工作重中之重，扎实推进农业现代化和新农村建设，全面深化农村改革，农业农村发展取得了历史性成就。党的十九大以来，以习近平同志为核心的党中央着眼党和国家事业全局、顺应亿万农民对美好生活的向往，作出实施乡村振兴战略的重大决策部署。今年年初，党中央、国务院以一号文件形式下发《关于实施乡村振兴战略的意见》，对新时代实施乡村振兴战略作出全面部署。《乡村振兴战略规划（2018—2022年）》部署了一系列重大工程、重大计划、重大行动。习近平总书记在对全国实施乡村振兴战略工作推进会议的指示中，在主持7月31日中共中央政治局会议和中共中央政治局第八次集体学习时，多次对实施乡村振兴战略作出重要指示和深刻论述。近日，习近平总书记在广东考察时对新时代改革开放作出重要指示，为新时代农业农村改革开放和实施乡村振兴战略进一步指明了方向。

在党中央坚强领导下，最高人民法院长期以来高度重视服务和保障“三农”发展工作。最高人民法院通过制定司法解释和司法政策指导各级人民法院依法妥善审理各类涉农案件，通过多种形式参与乡村矛盾纠纷化解。最高人民法院近年来先后制定出台《关于审理涉及农村土地承包纠纷案件适用法律问题的解释》《关于审理涉及农村土地承包经营纠纷调解仲裁案件适用法律若干问题的解释》《关于为推进农村改革发展提供司法保障和法律服务的若干意见》等司法解释和规范性文件，落实党中央政策、贯彻法律规定、统一裁判标准。各级人民法院，尤其是基层人民法院及其派出法庭，不断完善多元化纠纷解决机制，与乡村地区基层行政机关、社会团体、群众自治组织等沟通协作，开展源头治理、系统治理。人民法院通过依法支持调解、仲裁等多种方式，参与乡村基层治理，化解了大量乡村矛盾纠纷。各级人民法院积极作为，依法受理、审判各类涉农案件。目前，大量涉农案件统计在侵权责任纠纷、借款合同纠纷、婚姻家庭继承纠纷等案由下。司法统计未对农村案件和城市案件作区分。就目前司法统计中单列的涉农案件案由看，2013 年至 2017 年，全国法院受理农村承包合同纠纷民事一审案件 109787 件，审结 108943 件。2017 年，各级法院审结土地承包经营权转包、转让、互换、入股、出租和抵押纠纷一审民事案件 17790 件；审结农业、林业、牧业、渔业承包合同纠纷一审民事案件 12319 件；审结种植、养殖回收合同纠纷一审民事案件 5307 件；审结农村房屋买卖合同纠纷一审民事案件 3145 件、农村建房施工合同纠纷一审民事案件 6822 件。通过纠纷调处、案件审理，人民法院及时妥善化解乡村矛盾纠纷，依法保护农民合法权利，有力维护乡村社会经济秩序。

近年来，党中央对发展“三农”出台了一系列政策，各项改革试点工作正在稳步推进，我国社会主要矛盾发生变化，农民对美好生活有了新的需求，农业农村在国民经济建设和“五位一体”总体布局中的地位更加凸显，人民法院服务和保障“三农”工作面临新的机遇和挑战。正是在这一背景下，今年 2 月 28 日，最高人民法院下发了《关于认真学习贯彻〈中共中央、国务院关于实施乡村振兴战略的意见〉的通知》。为进一步深入贯彻落实习近平总书记关于实施乡村振兴战略的重要论述，全面贯彻党的十九大精神和《中共中央、国务院关于实施乡村振兴战略的意见》《乡村振兴战略规划（2018—2022 年)》，最高人民法院党组决定制定《意见》。最高人民法院高度重视《意见》起草工作，院党组书记、院长周强同志多次对调研、起草工作作出指示。分管副院长亲自带队，由我院参与起草工作的同志与部分全国人大代表共同组成多个调研组，分赴全国各地调研。调研组的同志深入田间地头，与村民、村干部和地方行政主管部门的同志面对面交流，广泛听取农村群众和基层干部的心声，了解农村群众对人民司法的需求和期盼。今年 9 月 4 日，最高人民法院党组书记、院长周强同志亲自参加征求意见座谈会，听取中央党校（国家行政学院)、中央农办、全国人大农业与农村委员会、农业农村部、国务院发展研究中心、中国农业科学院等十多个机关、教学科研机构的领导和专家学者以及部分全国人大代表、最高人民法院特邀咨询员、农村地区人民法庭负责同志的意见和建议。在充分调研和广泛征求意见的基础上，结合人民法院工作实际，最高人民法院高举新时代改革开放旗帜，为充分发挥审判职能作用，妥善审理各类涉农案件，更好服务和保障新时代农业农村改革开放和实施乡村振兴战略，制定了本《意见》。

二、《意见》的主要内容

《中共中央、国务院关于实施乡村振兴战略的意见》对于实施乡村振兴战略提出了三个阶段的目标任务：一是到2020年，乡村振兴取得重要进展，制度框架和政策体系基本形成；二是到2035年，乡村振兴取得决定性进展，农业农村现代化基本实现；三是到2050年，乡村全面振兴，农业强、农村美、农民富全面实现。《意见》聚焦于不同阶段的目标，进一步将服务“三农”作为人民法院工作的一项重要内容，通过发挥审判职能依法妥善审理各类涉农案件，推动解决城乡发展不平衡和城乡二元结构问题，对人民法院服务和保障实施乡村振兴战略的各项工作进行全面部署，针对新时代“三农”发展对司法工作的需求作了积极回应。全文分为七个部分，共45条。第一部分强调深刻认识实施乡村振兴战略的重大意义；第二部分明确了人民法院服务和保障实施乡村振兴战略的指导思想和基本原则；第三至第七部分分别规定了人民法院如何服务和保障现代农业发展、乡村生态文明建设、文明和谐平安乡村建设、促进乡村治理体系和治理能力现代化和保护农民合法权益。《意见》主要围绕以下几方面作出规定。

一是深刻认识实施乡村振兴战略的重大意义。农业农村农民问题是关系国计民生的根本性问题，当前发展不平衡不充分问题在乡村最为突出，党的十九大作出了实施乡村振兴战略重大决策部署。这是新时代党的“三农”工作的理论创新和政策创新，是新时代“三农”工作的总抓手，对于解决我国当前的主要矛盾、实现“两个一百年”奋斗目标和实现全体人民共同富裕具有重大意义。各级人民法院要深化认识，提高政治站位，切实增强为实施乡村振兴战略提供司法服务和保障的责任感、使命感。

二是人民法院服务和保障实施乡村振兴战略的指导思想和基本原则。思想是行动的先导。各级人民法院要以习近平新时代中国特色社会主义思想为指导，全面贯彻党的十九大和十九届二中、三中全会精神。牢固树立新发展理念，促进农业农村高质量发展。坚持《意见》确定的七项基本原则，即服务和保障农业农村优先发展，坚持稳中求进的工作总基调，依法保障农民主体地位，服务乡村全面振兴，助推城乡融合发展，促进人与自然和谐共生，聚焦审判、因地制宜。推动服务和保障实施乡村振兴战略工作向纵深发展。

三是服务和保障现代农业发展。实现农业现代化的重要条件在于解放农村生产力。解放生产力，要依靠改革。依法妥善审理农村土地承包纠纷案件，深入贯彻党中央关于承包地“三权分置”改革政策。按照“落实集体所有权、稳定农户承包权、放活土地经营权”要求，保护农村承包地的土地经营权依法有序流转。按照物权法、农村土地承包法等法律规定保护农民对承包土地享有的占有、使用、收益等法定权利。依法依规调处农村宅基地“三权分置”、集体经营性建设用地入市等纠纷，大力支持农村土地制度改革试点工作，保障农村土地制度改革。解放生产力，要加强产权保护。依法保护乡村投资者以及农民专业合作社、专业服务公司等新型农村市场主体合法权益，加强农村知识产权等各类产权保护，发挥产权司法保护的激励作用，促进金融服务农村实体经济。依法依规保护农村集体经济组织将资源转变为资产、资金转变为股金、农民转变为股东而形成的新农村集体经济实现形式和运行机制。解放生产力，要维护市场秩序。依法严格保护涉农合同，弘扬诚实守信的契约精神，保护有序竞争，捍卫市场秩序，促进生产要素和商品服务在城乡之间双向流动。

四是服务和保障乡村生态文明建设。提供生态屏障是乡村的基本功能。随着经济发展和人民生活富裕，人民群众对生态环境保护的需求越来越高。牢固树立和践行绿水青山就是金山银山的理念，加大审理环境资源案件的力度，倡导绿色生活方式，促进乡村不断改善人居环境。探索惩罚性赔偿制度在环境污染和生态破坏纠纷案件中的适用，积极营造不敢污染、不愿污染、不能污染的法治环境。依法支持和监督环境资源保护行政主管部门履行监管职责。不断完善环境公益诉讼案件审理程序和配套机制，不断优化协同审判机制，提升乡村绿色发展司法服务保障水平。

五是服务和保障文明和谐平安乡村建设。文化是上层建筑中最具生命力、最体现民族精神和社会进步的因子。乡村文明不仅表现为乡村物质财富的增长，也表现为乡风文明、乡村安宁。乡村振兴最终体现为乡村文明的传承和进步。依法妥善处理乡村邻里纠纷，弘扬守望相助、崇德修睦的乡邻美德。通过司法审判引导农村摒弃高额彩礼、干预婚姻自由、不赡养老人等不良风气。推进家事审判方式和工作机制改革，促进乡村和谐家庭、美好家风建设。农村群众对司法最基本的需求是维护乡村安宁、保护人身财产安全。推动扫黑除恶专项斗争不断向纵深发展，坚决依法从严从快惩处黑恶势力以及黑恶势力“保护伞”，增强农村群众的安全感和幸福感。加强综合治理、源头治理，推进“法治乡村”“平安乡村”建设。

六是促进乡村治理体系和治理能力现代化。乡村治理是国家治理的重要内容，治理有效是实现乡村振兴的重要方面。发挥司法审判职能，正确处理自治、法治和德治的关系，积极参与乡村治理。依法依规保护村民自治权利，审慎把握村民自治与国家法治之间的边界，注重发挥好德治的作用。坚持政教分离政策，严禁宗教干预国家司法事务。依法严厉打击组织和利用邪教组织犯罪。建立健全涉农纠纷多元化解决机制，增强矛盾纠纷预防化解的整体合力。坚持“三个面向”和“两便”原则，发挥人民法庭靠近乡村、贴近群众的优势，切实开展好人民法庭工作。贯彻实施人民陪审员法，大力推进司法民主。加强农村法治宣传教育，提高农村自治组织和农民尊法、学法、守法、用法意识。

七是保护农民合法权益。实施乡村振兴战略，最终目的是要增进农民利益，让农民生活富裕、健康、安宁、文明，实现全体人民共同富裕。农业全面升级、农村全面进步的归宿在于农民全面发展。依法保护农民人格权，保护农民人身自由、人格尊严和身体健康，着力保护农村空巢老人、留守儿童的合法权益以及农村适龄儿童的受教育权，加大乡村地区人权司法保护力度。依法妥善处理集体经济组织成员资格纠纷，防止简单以村民自治为由剥夺村民的基本财产权利。依法依规保护农村外嫁女、入赘婿的合法权益。依法保护农民工合法权益，让农民工既入得了城、扎得下根，又回得了村、稳得住心。将党的群众路线与司法专业化相结合。以农村群众能够理解、感受的方式实现社会公平正义，尊重不违反法律强制性规定的村规民约、乡风民俗。完善司法为民便民利民措施，不断提高司法服务“三农”的能力。积极助力精准扶贫，保障打赢脱贫攻坚战。加强农村司法救助，保护困难群体的基本权利。

三、人民法院贯彻《意见》应处理好六个关系

一分部署，九分落实。《意见》写得再好，终在纸上。下一步，各级人民法院要严格贯彻落实《意见》中的各项规定，让人民法院服务和保障实施乡村振兴战略的司法政策在广大乡村落地生根，让广大农村群众切身感受到司法服务的便捷高效、司法保障的充分有力。在贯彻《意见》时，应注意处理好以下六个关系。

一是服务当前发展和实现长远目标的关系。《中共中央、国务院关于实施乡村振兴战略的意见》对于实施乡村振兴战略提出了三个阶段的目标任务。

《乡村振兴战略规划（2018—2022 年）》确定了到 2022 年的目标任务。人民法院要全面贯彻落实中央战略决策步骤，既着重解决当前人民法院服务和保障实施乡村振兴战略所面临的突出问题，服务和保障实施乡村振兴战略的近期任务，也着眼于“三农”长远发展，服务和保障中远期目标的实现。在脚踏实地做好当前工作的同时，做好长远谋划，把每一阶段的工作做牢做实，为乡村全面振兴，农业强、农村美、农民富全面实现的目标而努力奋斗。

二是农业农村改革发展与稳定的关系。农业农村农民问题是治国安邦的根本性问题。中国农民对土地有特殊的深厚感情。“三农”发展要“稳”字当先。依法保护农村土地集体所有权、农村基本经营制度，依法维护土地承包关系稳定并长久不变。深入贯彻落实党和国家的政策，全面准确把握相关法律的基本原则和立法精神。落实集体所有权、稳定农户承包权，农民的生活就有了根，就能稳住心。坚守耕地红线，维护国家粮食安全，让中国人的饭碗牢牢端在自己手中。在这个基础上放活土地经营权，推动乡村改革发展，发展才能行稳致远。“三农”发展离不开改革，通过改革解放生产力，促进城乡融合发展。贯彻落实党中央各项改革政策，依法支持各地的改革试点工作，保障改革红利实现。

三是生态保护与乡村发展的关系。乡村振兴，生态宜居是关键，保护生态与发展经济是对立统一体。目前农村环境和生态问题比较突出。准确理解和把握绿色发展与乡村振兴、生态环境保护与乡村经济发展的辩证关系。牢固树立和践行绿水青山就是金山银山的理念，着力加强乡村生态环境司法保护，守住绿水青山，守护美丽乡村。落实节约优先、保护优先、自然恢复为主的方针，促进农村生态环境明显好转，增加农业生态产品和服务供给，以绿色发展引领乡村振兴，助推农业生产方式由过度消耗资源型向节能减排绿色发展型转变，实现社会生产良性循环。

四是乡村文明传承与发展的关系。传统文化是我国的宝贵财富，是中华儿女重要的精神财富和情感纽带。大力弘扬社会主义核心价值观，保护、挖掘农耕文化中优秀思想、人文精神和道德规范，维护熟人社会基于血缘、亲缘、宗缘、地缘关系建立的情感和道德纽带。同时，对传统文化应有所扬弃和发展，将法治文化融入乡村文化之中，引导农民树立诚信意识、契约精神，引导农村摒弃高额彩礼、干预婚姻自由、不赡养老人等不良风气，促进乡村现代文明建设。

五是自治、法治、德治的关系。当前乡村治理不同于我国古代依靠宗法制度建立的治理体系，也有别于我国城市地区的治理。村民自治在乡村治理中具有重要作用。依法依规保护村民的自治权利，坚持农民在乡村振兴战略中的主体地位，准确把握村民自治与国家法治的关系。既不能干预、妨碍村民自治，又要注意保护村民的基本权利，防止简单以村民自治为由损害村民的人格权利和基本财产权利。在实行自治和法治的同时，注重发挥好德治的作用。坚持寓德治于法治，用法治促德治，让柔性的道德获得有力的推行，使道德与法律相得益彰。通过发挥司法审判的道德引导、行为规范作用，推动礼仪之邦、优秀传统文化和法治社会建设相辅相成。

六是党的群众路线与司法专业化的关系。司法审判是专业性很强的工作，有一套相对独立的术语体系和逻辑规则，但广大农村群众法律知识相对缺乏，对于法律术语和逻辑并不熟悉。因此，司法审判不仅是高度专业化的工作，也是群众工作，尤其在乡村地区，要坚持党的群众观点和群众路线。我们的法官既要有较高的专业素养，更需要较强的群众工作能力，多换位思考、进入农村群众的思维“频道”，尊重不违反法律强制性规定的村规民约、乡风民俗，妥善把握民事审判对习惯的适用。多用“群众说理、法官说法”等方式，将群众路线、群众工作方法与司法专业化相结合，以农村群众听得懂、看得见、能够理解和感受的方式实现社会公平正义，努力让农村群众在每一个司法案件中感受到公平正义。

最高人民法院
关于进一步深化司法公开的意见

2018 年 11 月 20 日　　　　法发〔2018〕20 号

加强司法公开是落实宪法法律原则、保障人民群众参与司法的重大举措，是深化司法体制综合配套改革、健全司法权力运行机制的重要内容，是推进全面依法治国、建设社会主义法治国家的必然要求。党的十八大以来，以习近平同志为核心的党中央高度重视司法公开工作，党的十八届三中、四中全会将推进司法公开，构建开放、动态、透明、便民的阳光司法机制作为全面深化改革和全面依法治国的重要任务，作出一系列重大部署。人民法院坚决贯彻落实党中央决策部署，紧紧围绕“努力让人民群众在每一个司法案件中感受到公平正义”的工作目标，推进司法公开达到前所未有的广度和深度，取得显著成效。目前，司法公开规范化、制度化、信息化水平显著提升，审判流程公开、庭审活动公开、裁判文书公开、执行信息公开四大平台全面建成运行，开放、动态、透明、便民的阳光司法机制已经基本形成，在保障人民群众知情权、参与权、表达权和监督权，促进提升司法为民、公正司法能力以及弘扬法治精神、讲好中国法治故事等方面发挥了重要作用。司法公开是新时代法治中国建设的生动实践，已经成为我国在开展国际司法交流合作中的一张亮丽名片。

党的十九大明确提出深化依法治国实践、深化司法体制综合配套改革的重大任务，并对深化权力运行公开作出新的重大部署，强调“要加强对权力运行的制约和监督，让人民监督权力，让权力在阳光下运行，把权力关进制度的笼子”，为人民法院进一步深化司法公开指明了方向，提出了新的更高要求。为深入学习贯彻习近平新时代中国特色社会主义思想和党的十九大精神，贯彻落实党中央关于推进司法公开的一系列重大决策部署，总结司法公开工作经验，巩固党的十八大以来司法公开工作取得的成果，推动开放、动态、透明、便民的阳光司法机制更加成熟定型，实现审判体系和审判能力现代化，促进新时代人民法院工作实现新发展，现对进一步深化司法公开工作提出以下意见。

一、总体要求

1. 指导思想。坚持以习近平新时代中国特色社会主义思想为指导，全面贯彻党的十九大和十九届一中、二中、三中全会精神，紧紧围绕“努力让人民群众在每一个司法案件中感受到公平正义”的工作目标，高举新时代改革开放旗帜，进一步深化司法公开，不断拓展司法公开的广度和深度，健全完善司法公开制度机制体系，优化升级司法公开平台载体，大幅提升司法公开精细化、规范化、信息化水平，推进建设更加开放、动态、透明、便民的阳光司法机制，形成全面深化司法公开新格局，促进实现审判体系和审判能力现代化，大力弘扬社会主义核心价值观，促进增强全民法治意识，讲好中国法治故事，传播中国法治声音。

2. 基本原则。

（1）坚持主动公开。深刻领会习近平总书记提出的“让暗箱操作没有空间，让司法腐败无法藏身”重要指示要求，充分认识深化司法公开工作的重大意义，进一步增强主动接受监督意识，真正变被动公开为主动公开，继续健全完善阳光司法机制，努力让正义不仅要实现，还要以看得见的方式实现。

（2）坚持依法公开。严格履行宪法法律规定的公开审判职责，切实保障人民群众参与司法、监督司法的权利。严格执行法律规定的公开范围，依法公开相关信息，同时要严守国家秘密、审判秘密，保护当事人信息安全。尊重司法规律，明确司法公开的内容、范围、方式和程序，确保司法公开工作规范有序开展。

（3）坚持及时公开。严格遵循司法公开的时效性要求，凡属于主动公开范围的，均应及时公开，不得无故延迟。有明确公开时限规定的，严格在规定时限内公开。没有明确公开时限要求的，根据相关信息性质特点，在合理时间内公开。

（4）坚持全面公开。以公开为原则、以不公开为例外，推动司法公开覆盖人民法院工作各领域、各环节。坚持程序事项公开与实体内容公开相结合、审判执行信息公开与司法行政信息公开相结合、通过传统方式公开与运用新媒体方式公开相结合，最大限度保障人民群众知情权、参与权、表达权和监督权。

（5）坚持实质公开。紧紧围绕人民群众司法需求，依法及时公开当事人和社会公众最关注、最希望了解的司法信息，切实将司法公开重心聚焦到服务群众需求和保障公众参与上来。不断完善司法公开平台的互动功能、服务功能和便民功能，主动回应社会关切，努力把深化司法公开变成人民法院和人民群众双向互动的过程，让司法公开成为密切联系群众的桥梁纽带。

二、进一步深化司法公开的内容和范围

3. 全面拓展司法公开范围。尊重司法活动规律，根据四级法院职能定位，进一步明确司法公开的内容和范围。对涉及当事人合法权益、社会公共利益，需要社会广泛知晓的司法信息，应当纳入司法公开范围，根据其性质特点，区分向当事人公开或向社会公众公开。对于人民法院基本情况、审判执行、诉讼

服务、司法改革、司法行政事务、国际司法交流合作、队伍建设等方面信息，除依照法律法规、司法解释不予公开以及其他不宜公开的外，应当采取适当形式主动公开。

4. 深化人民法院基本信息公开。人民法院应当主动公开以下基本信息，坚持动态更新，保证准确、清晰、易获取，方便人民群众及时、准确了解掌握。

（1）机构设置；

（2）司法解释；

（3）指导性案例；

（4）规范性文件；

（5）向同级人民代表大会所作的工作报告；

（6）重要会议、重大活动和重要工作等动态信息；

（7）其他需要社会广泛知晓的基本信息。

5. 深化审判执行信息公开。人民法院应当主动公开以下审判执行信息，逐步推进公开范围覆盖审判执行各领域，健全完善审判执行信息公开制度规范，促进统一公开流程标准，确保审判执行权力始终在阳光下运行。

（1）司法统计信息；

（2）审判执行流程信息；

（3）公开开庭审理案件的庭审活动；

（4）裁判文书；

（5）重大案件审判情况；

（6）执行工作信息；

（7）减刑、假释、暂予监外执行信息；

（8）企业破产重整案件信息；

（9）各审判执行领域年度工作情况和典型案例；

（10）司法大数据研究报告；

（11）审判执行理论研究、司法案例研究成果；

（12）其他涉及当事人合法权益、社会公共利益或需要社会广泛知晓的审判执行信息。

6. 深化诉讼服务信息公开。人民法院应当主动公开以下诉讼服务信息，着力提升诉讼服务信息获取的便捷性，提高诉讼服务水平，切实方便当事人诉讼。

（1）诉讼指南；

（2）人民法院公告；

（3）司法拍卖和确定财产处置参考价相关信息；

（4）司法鉴定、评估、检验、审计等专业机构、专业人员信息，破产管理人信息，暂予监外执行组织诊断工作信息，专家库信息；

（5）特邀调解员、特邀调解组织、驻点值班律师、参与诉讼服务的专家志愿者等信息；

（6）申诉信访渠道；

（7）其他涉及当事人合法权益、社会公共利益或需要社会广泛知晓的诉讼服务信息。

7. 深化司法改革信息公开。人民法院应当主动公开以下司法改革信息，提高司法改革工作透明度，增强人民群众对司法改革的获得感。

（1）人民法院司法改革文件；

（2）人民法院重大司法改革任务进展情况；

（3）人民法院司法改革典型案例；

（4）其他需要社会广泛知晓的司法改革信息。

8. 深化司法行政事务信息公开。人民法院应当主动公开以下司法行政事务信息，及时回应社会关切，自觉接受社会监督，切实提高司法行政事务办理的透明度和规范化水平。

（1）涉及社会公共利益或社会关切的人大代表议案建议和政协提案办理情况；

（2）部门预算、决算公开说明；

（3）人民法院信息化技术标准；

（4）其他需要社会广泛知晓的司法行政事务信息。

9. 深化国际司法交流合作信息公开。人民法院应当主动公开以下国际司法交流合作信息，加强司法文明交流互鉴，充分展示中国法院良好国际形象，促进提升我国司法的国际竞争力、影响力和公信力。

（1）人民法院开展的重要国际司法交流合作活动情况；

（2）人民法院举办和参与重要国际司法会议情况；

（3）其他需要社会广泛知晓的国际司法交流合作信息。

10. 深化队伍建设信息公开。人民法院应当主动公开以下队伍建设信息，为社会公众知晓、参与和监督人民法院队伍建设工作提供便利。

（1）党的建设情况；

（2）人事工作情况；

（3）纪检监察信息；

（4）先进典型信息；

（5）教育培训工作情况；

（6）司法警察工作情况；

（7）法院文化建设情况；

（8）其他需要社会广泛知晓的队伍建设情况。

11. 建立完善司法公开内容动态调整制度。根据党中央和最高人民法院关于司法公开工作的部署要求，结合社会公众关切和人民法院实际，按年度明确司法公开工作重点，动态调整更新司法公开内容，稳步有序拓展司法公开范围。

12. 推进司法公开规范化标准化建设。最高人民法院要健全完善司法公开制度规范体系，围绕人民法院工作重点领域、关键环节和人民群众关注的重要司法信息，总结各地法院工作经验，加强司法公开规范化标准化建设，积极研究出台相关技术标准和操作规程，强化对下监督和分类指导，不断提升司法公开质效。各高级人民法院要指导推进本辖区司法公开规范化标准化建设工作。

三、完善和规范司法公开程序

13. 健全司法公开形式。司法公开形式应当因地制宜、因事而定、权威规范、注重实效，便于公众及时准确获取，坚决防止形式主义。最高人民法院就司法公开形式有统一要求的，应当按照相关要求进行公开。鼓励基层人民法院探索行之有效、群众喜闻乐见的司法公开形式。结合实际，可以通过以下载体进行公开：

（1）报刊、广播、电视、网络等公共媒体；

（2）依照《人民法院法庭规则》开放旁听或报道庭审活动；

（3）人民法院公报、公告、规范性文件或其他正式出版物；

（4）人民法院政务网站或其他权威网站平台；

（5）新闻发布会、听证会、论证会等；

（6）人民法院官方微博、微信公众号、新闻客户端等新媒体；

（7）人民法院诉讼服务大厅、诉讼服务网、12368 诉讼服务热线、移动微法院等诉讼服务平台；

（8）其他便于及时准确获取的方式。

14. 畅通当事人和律师获取司法信息渠道。仅向当事人或利害关系人公开的信息，必须严格依照相关诉讼法及有关规定公开，不得向社会公开发布。在确保信息安全前提下，可以充分运用信息化手段为当事人或利害关系人获取司法信息提供便利。大力加强律师服务平台建设，为律师依法履职提供便利，更好发挥律师在促进司法为民、公正司法中的重要作用。

15. 明确司法公开责任主体。按照属地管理、归口管理、分级负责的原则，明确各项司法公开内容的责任主体，负责办理司法公开事项、管理公开内容，并对其合法性、完整性、准确性、时效性、安全性负责。建立健全司法公开协调机制，公开内容涉及多个人民法院、人民法院多个内设机构或者其他单位的，应当经协调一致后予以公开，确保司法公开信息准确完整。

16. 完善司法公开流程和管理机制。建立健全司法公开工作机制，完善工作流程，明确管理责任，规范有序推进司法公开工作。各部门提出拟公开事项，应对具体公开内容进行核实把关，需要审批的经履行审批程序后予以公开。建立健全公开重大敏感事项前的风险评估机制。建立健全社会关注热点的跟踪回应机制，加强司法公开政策解读工作，切实回应社会关切和群众司法需求。对于社会舆论因不了解情况产生模糊认识或错误看法的，要主动发布权威信息，澄清事实、释疑解惑。司法公开平台载体的管理者、运营者以及其他相关责任主体，依职权对拟在其平台载体上公开的事项，履行好编辑把关责任和日常监测管理责任。

17. 严格落实司法公开保密审查机制。建立健全司法公开保密审查机制。承办司法公开事项时应当同步进行保密审查，加强对国家秘密、审判秘密、商业秘密、公民隐私权和个人信息安全的保护，实现依法公开与保守秘密的有机统一。属于司法公开内容范围的，严格按照人民法院工作国家秘密范围或已定密事项开展定密工作，不得随意扩大定密范围。

四、加强司法公开平台载体建设管理

18. 加强人民法院公报、白皮书工作。充分发挥公报作为各类重要司法信息标准文本和权威载体的作用，及时准确刊登重要法律文献、司法解释、司法文件、司法统计、典型案例等重要司法信息。积极推进历史公报数字化工作，建立完善覆盖全面的人民法院公报数据库，提供开放在线服务。重点围绕服务大局、司法为民、公正司法的重要司法政策、重大司法举措以及重要审判工作情况，扎实做好白皮书编写、制作、发布和宣传工作，切实增强白皮书权威性、规范性和可读性。对于具有重要影响的白皮书，加大宣传推介力度，推进多语言译制工作，提高人民法院白皮书的传播力、影响力。

19. 加强人民法院政务网站建设管理。主动适应信息技术发展、传播方式变革趋势，提高人民法院政务网站服务司法公开、回应社会关切、弘扬法治精神的能力，努力将人民法院政务网站建设成为及时、准确、规范、高效的司法公开平台、互动交流平台和公共服务平台。加强政务网站内容建设和规范管理，强化信息发布更新，及时归并或关闭内容更新没有保障的栏目版块，避免因内容更新不及时、信息发布不准确、意见建议不回应影响司法公开效果。

20. 加强全国法院政务网站建设统筹。编制完善全国法院政务网站发展指引，明确四级法院政务网站功能定位和内容建设要求，分级统一相关技术标准。推进全国法院政务网站集约化建设，将确实缺乏可靠人力、财力和机制保障的基层人民法院网站迁移到上级人民法院网站技术平台统一运营或向安全可控的云服务平台迁移，避免重复建设，保证技术安全。加强各级人民法院政务网站间的协同联动，推进全国法院政务网站群建设，促进资源整合共享，形成一体化司法公开服务网络，增强人民法院政务网站传播效果。

21. 进一步深化司法公开四大平台建设。深化中国审判流程信息公开网建设，全面落实通过互联网公开审判流程信息的规定，完善相关业务规范和技术标准，推进网上办案数据自动采集，推动实现审判流程信息精准推送。扩大庭审公开范围，推进庭审网络直播工作，通过对更多案件特别是有典型意义的案件进行网络直播，主动接受社会监督，促进提升司法能力，深入开展法治教育。加大裁判文书全面公开力度，严格不上网核准机制，杜绝选择性上网问题，规范上网裁判文书管理，加强裁判文书数据资源研究利用。加大执行信息公开力度，拓展执行信息公开范围，推动完善“一处失信、处处受限”信用惩戒大格局，强化公开、透明、规范执行，促进执行工作高水平运行。加大司法公开四大平台建设整合力度，注重用户体验，优化平台功能，完善程序制度，更加重视移动互联时代新特点，促进平台从单向披露转为多向互动，让诉讼活动更加透明、诉讼结果更可预期。

22. 充分发挥现代信息技术促进司法公开作用。全力推动智慧法院由初步形成向全面建设迈进，逐步实现全业务网上办理、全流程依法公开、全方位智能服务。探索大数据、云计算、人工智能、区块链等现代信息技术在司法公开中的深度应用，推动实现司法信息自动生成、智能分析、全程留痕、永久可追溯等功能，进一步提高司法公开自动化信息化智能化水平。深入开展司法大数据挖掘研究和拓展应用，推进全国法院全面实现电子卷宗随案同步生成和深度应用工作，加强中国司法大数据研究院建设，深化司法大数据研究成果转化利用。大力加强网络安全建设，切实维护人民法院信息数据安全。

23. 增强司法公开平台服务民族地区群众和对外宣传功能。加强最高人民法院、民族地区人民法院政务网站和其他重要司法公开平台的民族语言版块建设，积极推进重要司法公开内容的民族语言译制工作，切实保障民族地区群众参与司法、监督司法的权利，更好满足民族地区群众司法需求。加强最高人民法院政务网站、国际商事法庭网站等司法公开平台的外文版建设，强化对外宣传服务功能。海事法院和对外交往频繁、涉外案件较多的法院根据自身条件，推进司法公开平台外文版或外文版块建设，开展多语言译制和对外宣传推介工作。

24. 加强与新闻媒体的良性互动。进一步畅通与新闻媒体的合作渠道，充分运用新闻媒体资源，主动接受舆论监督。加强人民法院新闻发布工作，建立完善人民法院新闻发言人制度，健全优秀新闻发言人培养选拔机制。逐步建立覆盖全国法院的例行新闻发布制度，完善和规范新闻发布流程标准，及时权威发布人民法院工作重大举措和社会关注热点案件等重要司法信息。

25. 加强人民法院自有媒体建设和新闻宣传工作。加强人民法院自有传统媒体和新媒体平台的建设管理，促进传统媒体与新媒体融合发展，充分运用各类新媒体平台，拓宽司法公开渠道，提升司法公开效果。加强新时代人民法院新闻舆论宣传工作，自觉承担起举旗帜、聚民心、育新人、兴文化、展形象的使命任务，牢牢把握正确舆论导向，充分展现法治中国建设和司法事业发展重大成就，广泛传播社会正能量。

五、强化组织保障

26. 落实司法公开工作责任制。各级人民法院要将司法公开工作列入重要议事日程，建立健全司法公开工作责任制，加强组织领导，统筹协调推进，进一步提升司法公开保障水平。各级人民法院院长承担本单位司法公开领导责任，每年至少听取一次司法公开工作汇报，研究部署和督促落实深化司法公开重点工作。细化实化各责任部门工作职责，严格按照职责权限落实具体责任，推动司法公开工作不断向纵深发展。

27. 完善评估督导和示范引领机制。健全司法公开工作成效评估机制，纳入人民法院绩效考核体系，加强对司法公开准确性及时性全面性、平台载体建设、制度落实情况、群众满意度等方面的评估。完善司法公开工作督导制度，加大上级法院对下监督指导力度，督促落实司法公开工作责任制，确保深化司法公开各项政策举措落地见效。发挥司法公开示范法院典型引领作用，逐步扩大示范法院范围，总结推广示范法院先进经验，引领全国法院司法公开工作持续向更大范围、更高层次和更深程度推进。

28. 加强司法公开业务培训。坚持需求导向，开展司法公开培训交流，加强司法公开政策理论学习和业务能力锻炼。将司法公开业务培训纳入国家法官学院及其分院等培训规划和常态化培训课程。人民法院领导干部要准确把握司法公开新部署新要求，切实提高站位，及时更新理念，增强运用司法公开推动法院工作的本领，提高在信息时代背景下解读司法政策、回应社会关切能力。

29. 加强司法公开调查研究。扎实开展司法公开实践调研和理论研究，准确把握人民群众对深化司法公开工作的新要求新期待。注重总结司法公开实践好经验好做法，提炼规律性认识，促进形成高质量理论研究成果和制度转化成果。坚持问题导向，着力解决制约司法公开优化升级的深层次问题，立足中国司法实际积极吸收借鉴域外司法公开理论成果和实践经验，深入推进司法公开理论创新、制度创新和实践创新。

30. 健全司法公开监督体系。拓宽司法公开监督渠道，畅通民意沟通表达机制，自觉接受人大监督、民主监督、检察机关诉讼监督和社会各界监督。充分发挥司法公开平台的监督和互动功能，建立健全意见建议、监督投诉的收集、分析、转化和反馈机制，认真汲取人民群众提出的意见建议，及时研究解决反映的重大问题，主动公布采纳建议、解决问题等情况，更好加强和改进人民法院工作。

31. 加强法治宣传教育。加强司法公开工作宣传，引导当事人和社会公众正确认识司法公开，更好掌握获取司法公开信息的途径方法，确保人民法院深化司法公开的政策、举措、成效为公众知悉、受公众检验、被公众认可。严格落实“谁执法谁普法”的普法责任制，通过多种形式的司法公开工作，进一步传播宪法法律知识，增强全民法治观念，大力弘扬社会主义核心价值观，推进法治国家、法治政府、法治社会一体建设。

各级人民法院要充分认识进一步深化司法公开工作的重大意义，切实把思想和行动统一到党中央决策部署上来，认真落实本意见要求，进一步明确本辖区本单位司法公开重点任务，制定实施办法，细化具体措施，狠抓工作落实，推动形成全面深化司法公开新格局，奋力推进新时代人民法院工作实现新发展。

人民法院环境资源审判保障长江经济带高质量发展典型案例

（最高人民法院 2018 年 11 月 28 日发布）

一、被告人易文发等非法生产制毒物品、污染环境案

【基本案情】

2014 年 4 月，被告人易文发等人在贵州省贵阳市租赁民房、废弃厂房等，利用非法购买的盐酸、甲苯、溴代苯丙酮等加工生产麻黄碱。2015 年 5 月至 2016 年 1 月期间，被告人易文发等人在非法生产麻黄碱过程中，为排放生产废水，在厂房外修建排污池、铺设排污管道，将生产废水通过排污管引至距厂房约 70 米外的溶洞排放。2016 年 1 月，公安机关在案涉加工点查获麻黄碱 6.188 千克、甲苯 11700 千克、盐酸 3080 千克、溴代苯丙酮 13000 千克。经鉴定，易文发等人生产麻黄碱所产生、排放的废水属危险废物。

【裁判结果】

贵州省清镇市人民法院一审认为，被告人易文发等人的行为均已构成非法生产制毒物品罪；将属于危险物质的生产制毒物品废水利用溶洞向外排放，严

重污染环境，其行为同时构成污染环境罪，应予数罪并罚。判处易文发等人八年至十年不等有期徒刑，并处罚金110000元至130000元不等，并对查扣的制毒物品、作案工具依法没收，予以销毁。贵阳市中级人民法院二审维持原判。

【典型意义】

本案系非法生产制毒物品过程中引发的环境污染案件。被告人易文发等人在非法生产麻黄碱的过程中，违反国家规定修建排污池，铺设排污管道，将含有危险废物的生产废水通过排污管引至溶洞排放，严重污染环境。溶洞是可溶性岩石因喀斯特作用所形成的地下空间，在长江流域多有分布，蕴含着丰富的水资源。但岩溶生态系统脆弱，环境承载容量小，溶洞之间多相互连通，一旦污染难以修复治理。一审法院考虑到本案被告人犯罪行为的特殊性，根据受到侵害的法益不同，对被告人实施的不同行为单独定罪、数罪并罚，改变了过去忽视环境保护，对同类案件多采用择一重罪论处、仅以涉毒罪名予以打击的处理方式。本案以非法生产制毒物品罪和污染环境罪数罪并罚，既体现出人民法院始终坚持依法从严惩处毒品犯罪、加大对生产制毒物品犯罪的惩处力度，也体现出人民法院以零容忍态度依法维护人民群众生命健康和环境公共利益的决心。

二、被告单位重庆首旭环保科技有限公司、被告人程龙等污染环境案

【基本案情】

被告单位首旭环保公司系具有工业废水处理二级资质的企业。2013年12月5日，首旭环保公司与重庆藏金阁物业公司签订协议，约定首旭环保公司自2013年12月5日至2018年1月4日运行重庆藏金阁电镀工业中心废水处理项目。首旭环保公司承诺保证中心排入污水处理站的废水得到100%处理，确保污水经处理后出水水质达标，杜绝废水超标排放和直排行为发生。在运营该项目过程中，项目现场管理人员发现1号调节池有渗漏现象，向首旭环保公司法定代表人程龙报告。程龙召集项目工作人员开会，要求利用1号调节池的渗漏偷排未经完全处理的电镀废水。项目现场管理人员遂将未经完全处理的电镀废水抽入1号调节池进行渗漏。2016年5月4日，重庆市环境监察总队现场检查发现该偷排行为。经采样监测，1号调节池内渗漏的废水中六价铬、总铬浓度分别超标29.5倍、9.9倍。

【裁判结果】

重庆市渝北区人民法院一审认为，被告单位首旭环保公司违反国家规定，非法排放含有重金属的污染物超过国家污染物排放标准3倍以上，严重污染环境，其行为已构成污染环境罪。被告人程龙作为首旭环保公司的法定代表人，系首旭环保公司实施污染环境行为的直接负责的主管人员；首旭环保公司项目现场管理人员是首旭环保公司实施污染环境行为的直接责任人员，均构成污染环境罪。鉴于各被告人分别具有自首、坦白等情节，以污染环境罪判处首旭环保公司罚金80000元；判处程龙等人有期徒刑并处罚金。

【典型意义】

本案系向长江干流排放污水引发的水污染刑事案件。重庆地处长江上游和三峡库区腹地，人民法院通过依法审理重点区域的环境资源案件，严惩重罚排污者，构筑长江上游生态屏障。本案中，首旭环保公司作为具有工业废水处理资质的企业，在受托处理工业废水过程中，明知调节池有渗漏现象，依然将未经完全处理的电镀废水以渗漏方式直接向长江干流排放，严重污染长江水体，应当依法承担刑事责任。在首旭环保公司承担刑事责任后，重庆市人民政府、重庆两江志愿服务发展中心以重庆藏金阁物业公司、首旭环保公司为共同被告，分别提起生态环境损害赔偿诉讼和环境民事公益诉讼，要求二被告依法承担生态环境修复等费用，并向社会公开赔礼道歉。人民法院通过审理刑事案件以及省市人民政府提起的生态环境损害赔偿诉讼、社会组织提起的环境民事公益诉讼，充分发挥环境资源审判职能作用，为服务和保障长江流域生态文明建设提供了较好范本。

三、被告人邓文平等污染环境案

【基本案情】

2016年2月起，被告人邓文平在未取得相关资质的情况下收购HW11精（蒸）馏残渣（俗称煤焦油），运输至其位于四川省眉山市东坡区的厂房内进行加热处理、分装和转卖。期间还雇佣被告人邓卫平、邓良如、马成才协助其运输、加热和分装。2016年7月，眉山市东坡区环境保护局进行查处后，邓文平等人仍未停止煤焦油的加工。2017年1月，眉山市东坡区相关行政主管部门联合执法，从加工点现场查扣处理设备、煤焦油及其提炼产品453.08吨。另有200余吨煤焦油已被邓文平加工转卖。四被告人自动投案后，均能如实供述全部或者大部分犯罪事实。

【裁判结果】

四川省眉山市中级人民法院一审认为，被告人邓文平等违反国家规定非法处置危险废物，严重污染环境，构成污染环境罪。邓文平非法处置危险废物100吨以上，后果特别严重。根据各人在共同犯罪中的作用、自首等情节，以污染环境罪判处邓文平有期徒刑三年二个月，并处罚金30000元；判处邓卫平、邓良如、马成才八个月到二年不等有期徒刑，八个月到二年不等缓刑考验期，并处8000元到20000元不等罚金；禁止邓卫平、邓良如、马成才在缓刑考验期内从事与煤焦油加工销售相关的活动。

【典型意义】

本案系非法处置危险废物引发大气污染刑事案件，人民法院在案件裁判方式上进行了有益探索和创新，体现了打击污染环境犯罪、助力打赢蓝天保卫战的态度和决心。近年来，长江流域的区域性雾霾、酸雨态势长期持续，人民法院需要充分发挥环境资源刑事审判的惩治和教育功能，依法审理长三角、成渝城市群等重点区域的大气污染防治案件，严惩重罚大气污染犯罪行为。本案中，邓文平等人无危险废物处置资质，加工设备和工序未得到行政监管部门的验收认可，在加工煤焦油过程中存在大量有毒有害物质未经处理直接排放入大气的情形。一审法院结合四被告人犯罪行为和自首情节在判处相应刑罚的同时，考虑到危险废物处置的专业性和处置不当可能造成的社会危害性，判决邓卫平、邓良如、马成才在缓刑考验期内禁止从事与煤焦油加工销售相关的活动，体现了环境资源审判预防为主的理念。

四、中华环保联合会诉宜春市中安实业有限公司等水污染公益诉讼案

【基本案情】

中安公司经营的粗铟工厂无危险废物经营资质、未依法取得建设项目环境影响评价审批同意、未配套任何污染防治设施。中安公司与珊田公司签订协议，约定珊田公司为中安公司的粗铟生产提供资金支持，珊田公司派人参与中安公司的经营管理和业务购销，并约定了盈利分配比例。中安公司与沿江公司签订合同，沿江公司分8次非法向中安公司提供铅泥291.85吨，珊田公司支付沿江公司用于非法采购危险废物款项65万元。博凯公司负责人杨志坚与中安公司签订合同，由博凯公司向中安公司提供机头灰、铅泥，进行非法提炼利用。博凯公司分12次向中安公司提供机头灰149.14吨。龙天勇公司将机头灰

与中安公司非法置换铅泥，分17次向中安公司提供机头灰351.29吨。沿江公司、博凯公司、龙天勇公司向中安公司提供的危险废物共计792.28吨。中安公司在生产过程中，将未经处理的含镉、铊、镍等重金属及砷的废液、废水，通过私设暗管的方式，直接排入袁河和仙女湖流域，造成新余市第三饮用水厂供水中断的特别重大环境突发事件。中华环保联合会起诉请求判令各被告立即停止违法转移、处置危险废物，向公众赔礼道歉；承担清除污染及环境应急处置费用9263301元；各被告对袁河、仙女湖流域的生态环境进行修复，并承担生态环境修复费用21991610元和生态环境修复期间服务功能的损失、监测费用等9952443元。

【裁判结果】

江西省新余市中级人民法院一审认为，中安公司通过私设暗管的方式向袁河偷排重金属污染物直接导致本次污染袁河、仙女湖流域生态环境事件，对环境侵权损害后果具有重大的过错；中安公司从事非法经营危险废物的资金来源于珊田公司，珊田公司对环境侵权损害后果具有一定的过错；龙天勇公司、博凯公司、沿江公司分别向中安公司非法提供危险废物，对环境侵权损害后果亦具有一定的过错。中安公司承担主要责任，珊田公司、龙天勇公司、博凯公司、沿江公司分别承担次要责任。判决各被告人立即停止违法转移、处置危险废物，向公众赔礼道歉；赔偿应急处置费用、应急监测费用及专家技术咨询费、评估费；承担生态环境修复费用及赔偿生态环境受到损害至恢复原状期间服务功能损失；承担合理的律师费。江西省高级人民法院二审维持原判。

【典型意义】

本案在数人环境侵权的责任认定方面进行了有益的探索。长江中下游江河湖泊众多，流域生态功能退化严重，接近30%的重要湖库处于富营养化状态，生态环境形势严峻。本案中，中安公司通过私设暗管的方式偷排重金属污染物直接导致袁河和仙女湖流域特别重大环境突发事件，系直接的污染者。中安公司从事非法经营危险废物的资金来源于珊田公司，龙天勇公司、博凯公司、沿江公司则分别向中安公司非法提供危险废物，均应当按照其过错承担相应的责任。人民法院根据污染环境、破坏生态的范围和程度、生态环境恢复的难易程度、侵权主体过错程度等因素，参考专家意见，将危险废物的绝对数量作为承担责任大小的依据，判决五家公司按比例承担责任，并在省级媒体向公众赔礼道歉，有效保障了重点区域的水环境保护和水生态修复。

五、中华环境保护基金会诉凯发新泉水务（扬州）有限公司水污染公益诉讼案

【基本案情】

凯发新泉公司位于江苏省扬州化学工业园区内，经营范围为污水处理厂的开发、经营，主要接纳处理化工园区内各企业的工业废水及农歌安置小区、青山镇的生活污水。因 2015 年 12 月 22 日至 2016 年 4 月 14 日间多次发生排水口废水污染物超标排放事件（排放的废水中化学需氧量和氨氮含量超标），仪征市环保局数次对凯发新泉公司进行行政处罚，凯发新泉公司按时缴纳了行政罚款。为解决废水超标排放问题，凯发新泉公司实施了临时加药应急方案及长效稳定方案，催化氧化处理工程和长江排水口改造工程经过建设方和施工方的内部验收，但未经过环保部门竣工验收批复。中华环境保护基金会起诉请求判令凯发新泉公司立即停止污染水环境的排放行为并消除水环境污染危险，赔偿超标排污所产生的水环境治理费用；向社会公众公开赔礼道歉。2017 年 7 月 5 日，扬州化学工业园区管理委员会与凯发新泉公司解除扬州青山污水处理厂项目特许经营协议。

【裁判结果】

经扬州市中级人民法院主持调解，双方当事人达成调解协议：因特许经营协议已解除，停止污染水环境的生产、排放行为并消除水环境污染危险客观上已无必要，中华环境保护基金会同意撤回该项诉讼请求；凯发新泉公司赔偿生态环境损害费用，用于扬州地区环境修复，确定第三方修复机构以及修复方案，修复机构及方案的确定需经扬州环境保护主管部门审核通过并报扬州中院备案后实施，修复方案应在审核确定后一年内实施完毕，中华环境保护基金会有权监督修复方案的实施过程和效果；鉴于凯发新泉公司在超标排污发生后采取了诸多措施并取得良好效果，且当庭致歉并表示将继续积极推进环境修复工作，中华环保基金会予以谅解，凯发新泉公司应递交书面致歉信；律师费等费用由凯发新泉公司负担；双方再无其他争议。扬州市中级人民法院将调解协议内容进行了公告，公告期间内未有任何个人或单位提出异议。扬州中院经审查认为，上述协议内容符合法律规定，不违反社会公共利益，予以确认。

【典型意义】

长三角地区沿江重化工企业高密度布局、人口密度大，人民法院需要通过服务和保障沿江化工污染整治、固体废物处置、城镇污水垃圾治理等生态环境

保护专项行动，依法审理城市群工业污染案件和涉城镇污水、垃圾处理案件，实现法律效果、社会效果和生态效果的有机统一。本案中，凯发新泉公司作为工业废水、生活污水处理企业，本应自觉履行生态环境保护的主体责任，将环境保护要求纳入企业经营管理机制，积极开展技术创新和改造，将污水处理达标后才能排放进入长江水体。但该企业仍然多次发生排水口废水污染物超标排放的情况并受到行政处罚。公益诉讼案件受理后，工业园区管委会及时与污染企业解除了特许经营协议，避免了环境损害后果的进一步扩大。人民法院则充分发挥调解的纠纷解决功能，着眼环境利益最大化，确保污染者及时履行生态环境修复责任。

六、湖南省益阳市环境与资源保护志愿者协会诉湖南林源纸业有限公司水污染公益诉讼案

【基本案情】

林源纸业公司位于湖南省沅江市漉湖芦苇场，其生产过程中产生的废水经环保设施处理后通过草尾河排入洞庭湖。2016 年 10 月 17 日，林源纸业公司开始对污染处理设施进行升级改造。12 月 1 日，在修建曝气系统基建工程时，由于曝气池与厌氧池液位落差偏大致使隔离钢板出现裂缝，造成部分废水通过曝气池溢入未拆除完全的原漉湖纸厂废水排放管道进入草尾河。但林源纸业公司未立即采取停机、停产、限排等应急措施。12 月 4 日，曝气池与厌氧池之间的隔离钢板突然断裂，造成曝气池液位上涨，致使大量废水通过原漉湖纸厂废水排放管道直接进入草尾河，流入洞庭湖。同日，益阳市环境监察支队得到群众举报后进行现场勘查，在暗管进口、排污口取水样检测，报告显示排污口和暗管进口（未处理废水排放口）化学需氧量、悬浮物、总磷悬浮物均超标。林源纸业公司于当日采取了停产、停排的应急措施，并于 12 月 5 日将原漉湖纸厂废水排放管道拆除后用混凝土封堵。林源纸业公司为确保排放污染物稳定达标排放，于 2017 年 4 月启动新污水处理项目建设。益阳市环保协会提起公益诉讼，请求判令林源纸业公司对污染的水环境要素进行修复，并承担生态环境修复费用（以司法鉴定为准）；承担污染检测检验费、评估鉴定费、差旅费、专家咨询费、案件受理费。

【裁判结果】

湖南省岳阳市君山区人民法院一审认为，林源纸业公司利用原漉湖纸厂废水排放管道超标排放工业废水至草尾河，流入洞庭湖。经检测，被告排放的废

水中悬浮物、化学需氧量、总磷等严重超标，实质上已经对草尾河及洞庭湖造成污染，损害了社会公共利益。因此，被告的行为违反了水污染防治法的规定，应当承担侵权民事责任，消除对草尾河及洞庭湖产生的危害，承担生态环境修复费用。关于非法超标排放的废水量的核定及生态环境修复费用的计算，考虑林源纸业公司超标排放、偷排系因污水处理设施技改时设施破损所致，且排污时间不长，加之事件发生后被告采取停产、停排的应急措施并启动新污水处理项目建设，综合考虑湖南省环境保护科学研究院的环境工程专家的意见，酌定本次事件造成的生态环境修复费用数额按偷排废水虚拟治理成本的4.5倍计算，判令林源纸业公司支付生态环境修复费用230924.61元；支付益阳市环保协会差旅费4075元；负担本案专家咨询费4000元。

【典型意义】

本案系人民法院跨行政区划审理的水污染公益诉讼案件。案涉污染行为发生地为益阳沅江，按照湖南高院跨行政区划集中管辖环洞庭湖环境资源案件的安排，本案由岳阳市君山区法院洞庭湖环境资源法庭审理，是环境资源案件跨行政区划集中管辖的生动实践。一审法院邀请湖南环境保护科学研究院的工程专家以专家证人的形式出庭，就生态环境损害赔偿数额等专业问题出具意见，既有效提高了案件事实认定的客观性，又有效克服了环境资源审判鉴定难的瓶颈问题，对类案的处理具有一定借鉴意义。

七、浙江省开化县人民检察院诉衢州瑞力杰化工有限责任公司环境民事公益诉讼案

【基本案情】

2005年8月2日，瑞力杰公司与开化县华埠镇新安村第一承包组签订土地租赁合同，租赁约两亩土地用于工业固体废物填埋，共填埋上百吨有机硅胶裂解产生的废渣、废活性炭等工业固废。2016年7月，开化县环境保护局调查发现，表层土已被瑞力杰公司填埋的黑色固体废弃物污染，主要污染物为苯、甲苯。2016年11月，开化县环境保护局对瑞力杰公司作出责令改正违法行为决定书，责令瑞力杰公司将填埋于新安村的危险废物交由有资质的单位处理。2016年12月，瑞力杰公司委托有处置资质公司将该工业固废及感官上觉得受污染的土壤全部挖出清运处理，共计1735.8吨。经对残留土壤进行检测，确认填埋在新安村的工业固废产生的渗滤液对填埋地的土壤和附近马金溪河流水生态环境以及地下水生态环境造成了损害。经采样监测，清理后的场地现场水

潭中化学需氧量、氨氮、总磷、总氮浓度超标；马金溪下游化学需氧量、总氮超标。经对污染地块调查与风险评估，受污染地块土壤中苯含量超过人体健康可接受风险水平，需要修复。开化县人民检察院向衢州市中级人民法院提起环境民事公益诉讼，请求判令瑞力杰公司赔偿生态环境服务功能损失，支付修复生态环境费用，承担鉴定评估费等费用。经浙江省高级人民法院批准，衢州市中级人民法院裁定本案由开化县人民法院审理。

【裁判结果】

浙江省开化县人民法院一审认为，瑞力杰公司违规填埋工业固废，造成生态环境受到损害的事实清楚，应依法承担侵权的民事责任。综合考虑已查明的具体污染情节、被告的主观过错程度、污染环境的范围和程度、生态环境恢复的难易程度、生态环境的服务功能等因素，判决瑞力杰公司赔偿生态环境受到损害期间的服务功能损失，支付修复生态环境费用，承担鉴定评估费等费用。

【典型意义】

本案系因土地利用方式不当污染土壤并引发水污染的环境民事公益诉讼案件。人民法院通过依法审理土壤污染案件，强化土壤污染管控和修复，防止有毒有害污染物、危险化学品、危险废物等通过地下水循环系统进入长江干支流，彰显了山水林田湖草是生命共同体的基本理念。本案中，马金溪作为钱江源国家森林公园的重要水域，是开化县城市集中饮用水水源地。瑞力杰公司填埋工业固体废物产生渗滤液，对填埋地土壤和马金溪河流水生态环境以及地下水生态环境造成损害，对水源地水质产生不良影响。人民法院从长江流域生态系统的整体性着眼，综合考虑多种因素，依法判决瑞力杰公司承担环境侵权责任，赔偿生态环境受到损害期间的服务功能损失和生态环境修复费用，有效保障了饮用水水源地的水质安全。

八、岳西县美丽水电站诉岳西县环境保护局环境保护行政决定案

【基本案情】

1994 年国务院确定鹞落坪自然保护区为国家级自然保护区。2001 年原国家环保总局批准了《国家级鹞落坪自然保护区总体规划（2001—2015）》。2005 年美丽水电站在位于鹞落坪自然保护区核心区的包家乡鹞落坪村开工建设。2006 年岳西县水利局批复同意建设。2009 年岳西县环境保护局以美丽水电站位于自然保护区实验区为由，补办环评批准手续。2017 年安徽省第五环境保护督察组等先后对鹞落坪自然保护区内的违法建设进行督察，要求迅速查

处。岳西县环境保护局经立案调查，认定美丽水电站是在设立国家级自然保护区后建设，机房、明渠和涵洞位于鹞落坪自然保护区的缓冲区，蓄水坝位于保护区的核心区。岳西县环境保护局作出岳环责停字［2017］15号《责令停产整治决定书》，责令美丽水电站立即停止生产；作出岳环限拆字［2017］04号《责令限期拆除设施设备通知书》，责令美丽水电站限期自行拆除电站上网断路器，移除主变压器。美丽水电站不服，诉至法院，请求撤销《责令停产整治决定书》，确认《责令限期拆除设施设备通知书》违法。

【裁判结果】

安徽省潜山县人民法院一审认为，美丽水电站在鹞落坪自然保护区的核心区和缓冲区建设水电站的行为违反《自然保护区条例》规定，依法应予关闭、拆除。水电站建成后，虽然经过岳西县水利局补办了批准手续，但并不影响岳西县环境保护局对违法建设事实的认定。岳西县环境保护局依法享有行政执法权。一审法院判决驳回美丽水电站诉讼请求。安庆市中级人民法院二审维持原判。

【典型意义】

本案系在自然保护区内开发利用自然资源引发的行政案件。长江流域重点生态功能区、生态环境脆弱区及自然保护区较多，人民法院在审理上述区域的环境污染、生态破坏及自然资源开发利用案件时，需要坚持保护优先的理念，正确处理好生态环境保护和经济发展的关系，将构建生态功能保障基线、环境质量安全底线、自然资源利用上线三大红线作为重要因素加以考量，保障重点区域实现扩大环境容量和生态空间的重要目标。鹞落坪自然保护区内有大别山区现存面积最大的天然次生林，植物区系复杂，生态系统完整，在保护生物多样性及涵养水源方面具有极为重要的价值。鹞落坪自然保护区设立在先，美丽水电站建立时虽然取得了相关部门的批复，但该水电站机房建设在自然保护区的缓冲区，蓄水坝建设在保护区核心区，违反了《自然保护区条例》的规定。人民法院支持行政机关依法行政，依法认定美丽水电站应予关闭和拆除，为保护长江流域自然保护区提供了坚强的司法后盾。

九、云南省剑川县人民检察院诉剑川县森林公安局怠于履行法定职责行政公益诉讼案

【基本案情】

2013年1月，剑川县居民王寿全受玉鑫公司的委托在国有林区开挖公路，被剑川县红旗林业局护林人员发现并制止。剑川县林业局接报后交剑川县森林公安局进行查处，剑川县森林公安局于2013年2月27日向王寿全送达剑川县林业局剑林罚书字［2013］第288号林业行政处罚决定书，决定对王寿全及玉鑫公司给予责令限期恢复原状和罚款的行政处罚。玉鑫公司交纳罚款后剑川县森林公安局即予结案。其后直到2016年11月9日，剑川县森林公安局没有督促玉鑫公司和王寿全履行“限期恢复原状”的义务，所破坏的森林植被没有得到恢复。2016年11月9日，剑川县人民检察院发出检察建议，建议剑川县森林公安局依法履行职责，认真落实行政处罚决定，采取有效措施，恢复森林植被。剑川县森林公安局回复，民警曾到王寿全家对责令限期恢复原状进行催告，鉴于王寿全死亡，执行终止。剑川县森林公安局未向玉鑫公司发出催告书。剑川县人民检察院提起行政公益诉讼，请求确认剑川县森林公安局怠于履行法定职责的行为违法，判令剑川县森林公安局在一定期限内履行法定职责。

【裁判结果】

云南省剑川县人民法院一审认为，剑川县人民检察院提起行政公益诉讼，符合起诉条件。本案中，剑川县森林公安局在查明玉鑫公司及王寿全擅自改变林地用途的事实后，以剑川县林业局名义作出行政处罚决定符合法律规定。但在玉鑫公司缴纳罚款后三年多的时间里，剑川县森林公安局没有督促玉鑫公司和王寿全对受到破坏的林地恢复原状，也没有代为履行，致使玉鑫公司和王寿全擅自改变的林地至今没有恢复原状，且未提供证据证明有相关合法、合理的事由，其行为显然不当，属于怠于履行法定职责的行为。一审法院依法支持了人民检察院的诉讼请求。

【典型意义】

本案系检察机关为依法督促行政机关履行监管职责提起的环境行政公益诉讼。长江源头林草资源对于促进长江上游水土保持和水源涵养意义重大，长江上游人民法院应充分发挥审判职能作用，服务和保障长江源头生态环境治理和林草资源保护。本案中，剑川县森林公安局在玉鑫公司缴纳罚款后即予结案，其后三年多时间里没有督促玉鑫公司和王寿全对受到破坏的林地恢复原状，也没有代为履行，致使被擅自改变用途的林地没有恢复原状。人民法院依法责令剑川县森林公安局继续履行法定职责，对于督促行政机关全面履行监管职责，积极开展生态修复、确保森林植被恢复具有典型意义。

十、湖北省宜昌市点军区人民检察院诉宜昌市点军区环境保护局怠于履行法定监管职责行政公益诉讼案

【基本案情】

2014年以来，宜昌市点军区艾家镇桥河村多户村民从事生猪养殖业，存在未建设污染防治配套设施即投入生产、养殖废水未经无害化处理从沿江排污口向长江直接排放的情况，造成环境污染。2016年5月，宜昌市环境保护监测站对桥河村畜禽养殖废水进行取样监测，检测报告结果表明江边排污口PH值、悬浮量、化学需氧量等各项指标均超过《畜禽养殖业污染物排放标准》标准值。2016年6月2日，点军区检察院向点军区环保局发出点检行公建［2016］1号检察建议书，建议依法督促桥河村生猪养殖户停止将养殖废水直排长江。2016年6月22日，点军区环保局依据《畜禽规模养殖污染防治条例》的规定，作出宜市点环罚（2016）2、3、4号《行政处罚决定书》，责令桥河村生猪养殖规模达500头（出栏）以上的三家养殖户在2016年11月30日前停止生产。2016年6月30日，点军区环保局对检察建议作出书面回复。2016年11月中旬，桥河村村民委员会与45家养殖户（生猪养殖超过50头）签订了《点军区禁养区畜禽养殖场（户）关停拆除补偿协议书》。2016年12月2日，宜昌市环境保护监测站对桥河村畜禽养殖废水进行监测，结果表明仍有多项指标超过《畜禽养殖业污染物排放标准》标准值。截至2017年4月11日，桥河村已经拆除生猪养殖场（户）45户，关停范围内生猪存栏数约有790头。截至2017年4月13日，桥河村生猪养殖场（户）多年违法排放养殖废水形成的沟渠残留污染物仍然存在。点军区检察院遂提起行政公益诉讼，请求判令确认点军区环保局对艾家镇桥河村生猪养殖场（户）污染防治配套设施未建设、未经验收或验收不合格，将未经无害化处理的养殖废水直接向长江排放的违法行为怠于履行监管职责违法并依法履行监管职责。

【裁判结果】

湖北省宜昌市点军区人民法院一审认为，桥河村位于长江干流宜昌城区葛洲坝至虎牙段，该段是中华鲟自然保护区、鱼虾产卵场。保护长江流域生态环境和生物资源，对整个长江流域的生态平衡乃至国家生态安全都具有十分重要的意义。根据环境保护法第十条和《畜禽规模养殖污染防治条例》第五条的规定，点军区环保局对其辖区内环境保护及畜禽养殖污染防治负有监管职责。桥河村生猪养殖户在污染防治配套设施未建设、未经验收或验收不合格的情况

下，将养殖废水未经无害化处理直接排入长江，破坏了该地长江流段的生态环境，损害了国家利益和社会公共利益。点军区环保局作为环境监管部门，监管措施不到位，怠于履行监管职责，其行为违法。2016 年 6 月，点军区环保局在收到点军区检察院检察建议书后，在点军区政府领导下积极开展工作，先后多次派人到桥河村生猪养殖户家中宣传法律和相关政策；对桥河村生猪养殖规模达 500 头（出栏）以上三家养殖户作出《行政处罚决定书》，责令其在 2016 年 11 月 30 日前停止生产；以点军区环境保护委员会办公室的名义向相关职能部门下发督办通知。截至 2017 年 4 月 11 日，桥河村已经拆除生猪养殖场（户）45 户，现关停范围内生猪存栏数约有 790 头。桥河村生猪养殖废水未经无害化处理直接排入长江的现象得到了有效的治理。尽管目前桥河村生猪养殖场（户）大部分已停止生产，但由于生猪养殖场（户）多年违法排放养殖废水形成的沟渠残留污染物仍然存在，沿江三个排放口的水质尚未达到国家规定的排放标准，环境污染问题尚未得到彻底治理，故被告应继续履行监管职责。一审法院依法支持了人民检察院的诉讼请求。

【典型意义】

本案系农村农业禽畜养殖污染物排放引发的水污染行政公益诉讼案件。近年来，长江流域生态功能退化依然严重，长江水生生物多样性指数持续下降，多种珍稀动植物物种濒临灭绝，生物多样性保护迫在眉睫。人民法院通过妥善审理工业污染、城镇和农村污染对水生和河岸生物多样性及物种栖息地破坏案件，及时加强对长江物种及其栖息繁衍场所保护。案涉污染行为发生在长江干流宜昌城区葛洲坝至虎牙段，是中华鲟自然保护区、鱼虾产卵场。对中华鲟自然保护区内环境保护及畜禽养殖污染防治负有监管职责的点军区环保局，更应明确保护长江流域生态环境和生物资源对长江流域生态平衡的重要意义，全面履行监管职责，确保保护区内受损生态环境及时得到修复。本案中，点军区环保局虽然采取了积极措施，但多年违法排放养殖废水形成的沟渠残留污染物仍然存在，沿江排放口水质尚未达标，环境污染问题尚未得到彻底治理。人民法院认定其怠于履行法定职责并判令其继续履职，对促进行政机关依法、及时、全面地履行行政职责，确保沿江岸线生态环境及时修复，切实保护长江流域物种资源和人民群众生态环境利益具有积极作用。

[司法实务问题研究]

民间借贷纠纷中“套路放贷行为”的剖析与应对

——以温州法院民间借贷纠纷为样本

温州市中级人民法院课题组

温州作为改革开发的前沿阵地，民营经济的集散地，民间融资一直非常活跃，发作于2011年的温州局部金融风波亦以民间借贷纠纷持续“发酵”为表象。2015年以来温州局部金融风波出现明显消退态势，但温州法院民间借贷收案数量却先降后升，呈现出新一轮的高发态势，并呈现出借贷金额趋小额化及套路放贷手段多发等新特点。依据《最高人民法院关于依法妥善审理民间借贷案件的通知》（法〔2018〕215号）要求，本课题组以温州法院民间借贷纠纷案件为样本进行梳理，剖析当前民间借贷审判中的特点及难点，总结审判经验，充分研判，从明确规制对象、确立甄别方法、建立重点关注名单工作机制、加大事实和证据审查力度，合理分配举证责任、加大协同处置力度等方面提出了破解对策。

一、近年来温州法院民间借贷案件基本态势及特点

2008年以来，受国际国内宏观经济调整影响，以民间借贷债务持续高发为表象，逐步酿成了温州局部金融风波。2012年温州全市法院民间借贷收案达到历史最高点，收案数量为19498件，收案标的达到218.26亿元。2013年开始，民间借贷案件出现收案“拐点”，并连续两年明显下降。2015年以后，

银行金融纠纷收案呈明显消退态势，民间借贷收案却又出现逐年大幅上升的反向态势（见图一、图二），年均收案增幅近 20%。至 2017 年，温州全市法院民间借贷纠纷案件收案数达到 25406 件，收案标的为 171.92 亿元。

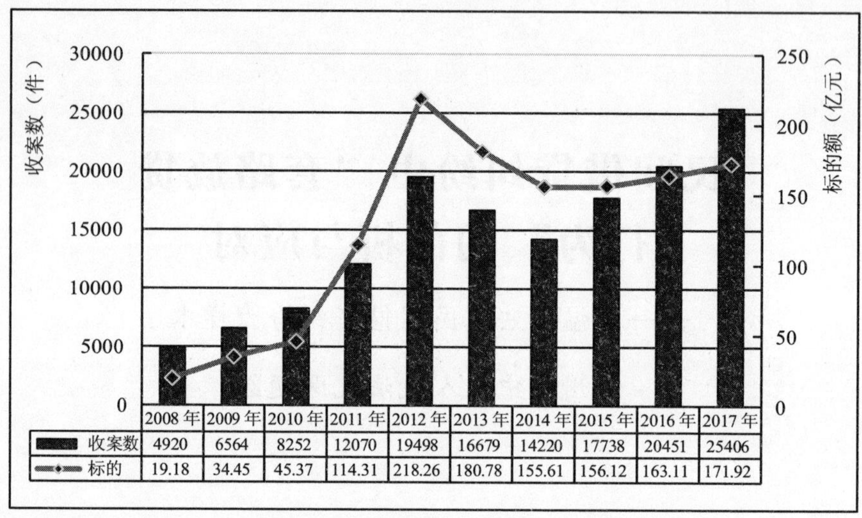

图一　温州地区民间借贷案件动态表

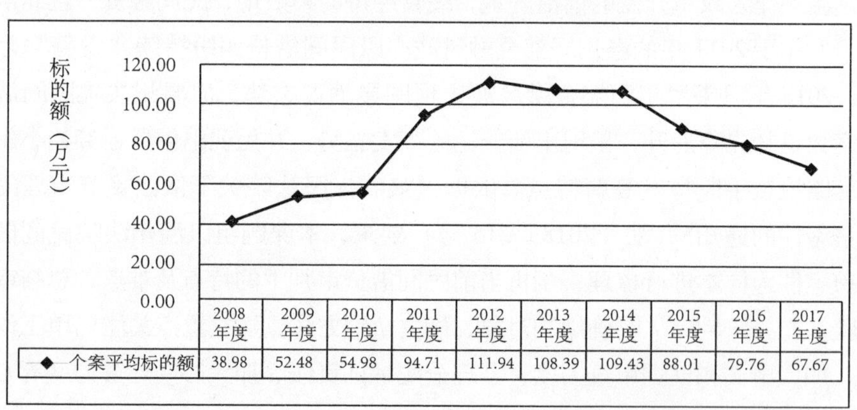

图二　温州地区民间借贷案件个案平均标的额动态表

从收案数据看，近三年来民间借贷收案数量增幅明显，但收案标的增幅并不明显，个案均值持续下降。可见，随着司法清理处置，大额民间借贷债务存量明显下降。同时，受民间融资业态发展模式（如 P2P）影响，小额民间借贷成为民间融资的新形态，民间借贷小额债务高发成为金融风险防范的新问题。

小额民间借贷具有额小量大，出险率高，营运维权成本占比高等特点，容易导致民间放贷职业化链条化和极端高利化倾向。据统计，职业放贷人作为原告在民间借贷案件中所占的比例明显增长。2013 年至 2017 年间，温州乐清法院、苍南法院受理的疑似个人职业放贷的案件逐年攀升。（见图三、图四）

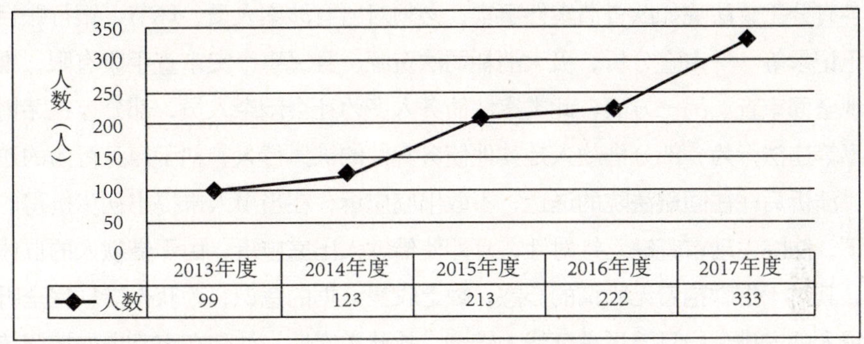

图三　乐清法院原告为同一人且案件数在五个以上的案件情况

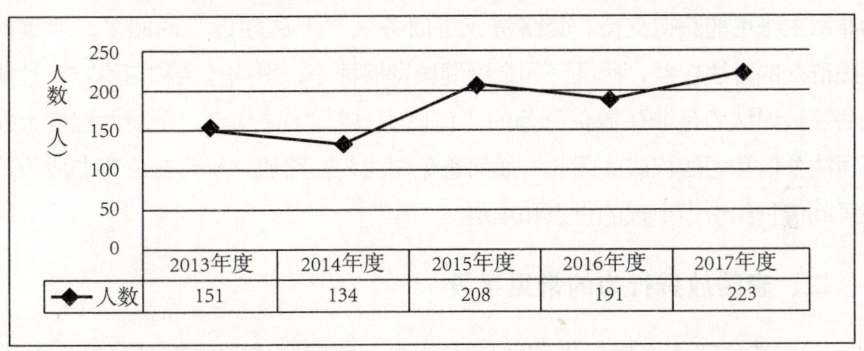

图四　苍南法院原告为同一人且案件数在三件以上的案件情况

小额民间借贷多见粗放经营，金融配置和风险控制能力差。一方面，不论融资目的是否正当盲目放贷，最后沦为过度消费，甚至赌博、吸毒的吸金工具；另一方面，盲目追求高额回报，不断突破利率红线，且为规避合法性审查，转嫁风险，套路手段层出不穷，最后演化成恶意侵占财物的套路贷诈骗等新型犯罪行为。套路贷已成为小额职业放贷普遍存在的问题，亦成为当前社会普遍关注的热点。

所谓套路，本身就是规避合法性审查的非法手段。套路放贷行为针对合法性审查"精心"设计，手段层出不穷，隐蔽性强，形成完整证据链闭环。职业放贷群体谙熟相关法律规定，对法条内容、法院诉讼流程、审查范围和重点都作了研究，将借款“合法化”包装的处理方式已经形成了一定的“套路”，形式上满足法律对事实审查和举证责任的认定标准，而随着借贷主体的职业化和团体化，职业放贷团体内部分工明确，在提供资金、招揽借款人、商洽、收款、起诉等环节各有分工，法院如欲查清案件事实，必须对所有涉案人员、环节、银行账目及通讯记录等一一审查分析，极大消耗司法资源。且民事个案审查手段有限，难以实现全面审查。另一方面，此类案件债务人多为社会闲杂人员，部分存在赌博或吸毒等违法行为，部分借款人是其他债务案件的被执行人，基于自身行为的违法性，涉诉后往往回避法院的送达，不敢出庭应诉，在当事人未提出初步抗辩的情况下，法院主动审查缺乏针对性，且即使借款人出庭应诉，由于借款人的群体因素，其对于借款抱着无所谓的心态，缺乏收集证据的意识，为获得借款完全听从放贷人的安排，一旦涉诉举证能力较弱。故此类案件，法院在审判中如按照传统证据审查标准审理，特别是在债务人缺席的情况下，难以查明案件实情，放贷人的非法主张可能获得支持。套路贷成了债务人“无法胜诉”的噩梦，严重损害人民群众的合法权益，扰乱民间金融健康发展秩序，影响社会和谐稳定。且使人民法院被误认为是非法放贷行为的“讨债工具”“保护伞”，在很大程度上损害了司法公信和司法权威。因此，如何避免司法为套路放贷行为合法背书成为近年来民间借贷纠纷中审理的重点和难点。

二、套路放贷行为的常见手段

1. 变造填空式借据。当前民间借贷中，填空式借款借据是民间职业放贷的常见套路。放贷人利用填空式借据事后添加变造的便利性，在起诉前任意添加变造出借人身份、借款金额、借款期限、利率标准等要素事实，制造阴阳合同条款，隐瞒实际真实放贷人或者规避高额利息审查等，规避司法审查，以谋取不当诉求。

2. 制造走账流水。对于通过银行等第三方系统交付的款项，第三方出具的款项支付凭证可以直观地反映款项交付的金额、时间等，因而在民事诉讼中具有较强的证明力，再结合双方之间存在借贷合意的借款合同，按照民事证据规则出借人已经对双方存在借贷关系完成了证明责任。法院对于款项的交付情况一般仅审查借款人账户款项的流入情况，而借款人收到款项后款项的流出情况通常认为是借款人的自主行为，与出借人无关。因此民间职业放贷常通过制造走账流水，规避法院对款项交付事实的审查。放贷人通过掌控借款人账户或指定款项汇入其掌控的第三人账户，制造款项已足额交付的假象，实际款项部分或全部通过多次转账和提现“流回”放贷人。制造走账流水，通常是为了达到掩盖虚假诉讼、违法债务结转、高额利息累入、虚增债务金额等非法目的。

3. 转贷平账。由于复利利滚利的计算方式，可以在短时期内就获得高额的利润，因此现实中存在在债务人无力偿还借款的情况下，债权人介绍他人或者自行与债务人签订新的借款合同进行平账，通过多次或多人转贷，层层平账，制造借新还旧的假象，将借款人到期未付的利息计入本金进而规避《最高人民法院关于审理民间借贷案件适用法律若干问题的规定》第二十八条对于合法限度内复利的审查。

4. 假借现金交付。假借现金给付规避款项实际交付事实是职业放贷常用套路。在当前支付手段非常便捷的情况下，职业放贷人采用现金方式交付款项往往是有意为之，通常是利用现金方式交付无迹可寻，从而实现规避法院对虚增债务金额、高息累入本金等违法债务审查的非法目的。根据以往的裁判规则，在借贷金额不大的情况下，如果出借人主张借款通过现金方式支付，通常通过审查借据等债权凭证的真实性、关联性、合法性，即可完成事实查证，在没有相反证据的情况下，可以确认借贷事实。但由于民间借贷中小额放贷趋势明显，阴阳借条在现实中大量存在，现金交付采用的又是推定原则，出借人对于难以证明实际交付的借款，往往假借以现金方式交付从而逃避举证证明款项已经实际交付或足额交付的事实。

5. 虚构债权人。在民间借贷纠纷中，载明借贷关系的债权凭证，一般都能证明持有人与该民间借贷纠纷有利害关系，具有较高的可信度。但在大量的职业放贷案件中，原告所提供的借据是出借人一栏采取填空式的格式借据，一旦被告逾期案件诉至法院，实际债权人往往会事后在借据上任意填写具有清洁身份的案外人参加诉讼，其目的在于：一是规避法院对职业放贷群体管理；二是实际放贷人自身负债累累，借用“清洁马甲”起诉，目的是逃避债务承担；三是实现收付错位，即债权人或借款给付与还款收息经手人往往不是同一人，从而否认涉案借款实际收取高息及还款事实。

6. 预扣借款利息。尽管法律对于提前扣除利息的做法采取否定性评价，但由于当事人提前扣除利息方式比较隐蔽，甚至游走法律边缘，因此对于利息扣头行为的认定一直是审判实践的难点。近年来预先扣除利息的做法主要有：一是债权凭证载明的大部分款项通过银行转账，原告主张剩余的部分款项以现金方式交付，利用法院对于小额现金交付事实所确立的裁判规则规避利息扣头的审查；二是借据中明确写明部分汇款，部分现金交付，以借据的证明力来规避法院对于现金交付事实的审查；三是通过预收保证金、押金、手续费等变相“抽头”；四是通过汇款后即时取现归还或转回原告或者原告实际控制关联人账户等制造走账流水的方式变相回扣利息。

三、套路放贷行为的规制

当前，民间放贷人利用各种“套路”，制造证据链闭环，规避法院对民间借贷行为合法合规审查，致使“欠钱还钱，天经地义”的简单法则变得错综复杂，难以规制，不断挑战司法权威和司法智慧。温州中院在明确规制对象并总结温州乐清、苍南等法院前期实践经验基础上，充分研判，采取确立甄别方法、建立重点关注名单工作机制、加大事实和证据审查力度，合理分配举证责任、加大协同处置力度等一系列举措，形成较为完备的针对套路放贷行为的多元化解工作机制，并取得了一定的成效。

（一）明确规制对象和甄别方法

1. 明确规制对象。民间融资作为多元化资本体系的重要组成，对于丰富资本市场，推动金融市场竞争，具有积极的意义。合法民间借贷行为依法受法律保护。所以，本着“对事不对人”原则，本次规制对象主要是民间融资行为乱象，如高利贷、套路贷等。通过变造填空式借据、制造走账流水、转贷平账、假借现金给付、虚构债权人、他人收款收息、恶意制造违约事实、收取高额费用、预收利息保证金等手段，制造证据链闭环，虚增债务金额，规避对虚假诉讼和违法高息的司法审查，是当前民间借贷行为合法合规审查的重点。

2. 确立甄别方法。区分一般民间借贷案件与涉套路放贷行为表象的案件，采取不同的认定思路和标准，因此，甄别具有套路放贷行为表象的案件成为了当前民间借贷纠纷案件审理中的必要环节。在总结已有审判实践的经验基础上，将下列表征作为甄别和防范以套路放贷的考量因素：（1）原告属于职业放贷人①或

① 职业放贷人是指从事或主要从事发放贷款业务的机构或以发放贷款业务为日常业务活动的单位和个人。

具有职业放贷人特征①。如上所述，小额借贷成为了近年来民间融资的新形态，小额民间借贷自身的特点决定了民间放贷的职业化链条化，民间放贷的职业化链条化又导致了套路放贷手段层出不穷。由于职业放贷人容易玩“套路”，许多法院将打击职业放贷人作为防范套路贷的主要手段。（2）借据采用格式合同，通常合同中出借人身份、利率标准等要素采用填空方式。在大量民间职业放贷案件中出借人利用填空式的格式借据在起诉前任意添加债权人及利率标准等套路，规避法院对高息及还款事实的审查。（3）存在高利贷表象。绝大部分民间借贷案件中套路放贷的最终目的在于获得非法高息，若被告提供了证据证明借款存在高利贷迹象的，应对其中是否存在套路放贷行为持合理怀疑。（4）存在有意规避款项交付事实审查的表象，如假借现金交付、制造走账流水等。假借现金给付规及制造走账流水规避款项实际交付事实是职业放贷常用套路，现金交付的主张是否意在逃避举证证明责任及是否存在制造走账流水的痕迹，应谨慎对待，综合判断。（5）存在有意隐匿还款付息事实审查的表象，如假借他人账外收款收息等。利用填空式格式借据任意添加债权人及由原告控制关联人收款收息实现收付错位，是民间职业放贷的常见套路。（6）对借贷合意、款项交付、还本付息等主要事实陈述不清，前后矛盾的。《最高人民法院关于审理民间借贷案件适用法律若干问题的规定》第十六条第二款确立了民间借贷案件中事实的审查标准，为法院在事实认定方面的心证确立了精细化的指引，因此综合判断借贷事实的各种因素若存在矛盾或不符合常理的，可作为判断是否存在套路放贷的审查标准。（7）在借款过程中存在以故意伤害、非法拘禁、侮辱、恐吓、威胁、骚扰等非法手段催收贷款或者存在恶意制造违约事实意图侵占对方财产的，该类案件已涉嫌刑事犯罪，以暴力等非法手段催收借款以及恶意制造违约事实亦认定为民间借贷纠纷中的套路放贷行为。（8）原告因虚假诉讼受到过司法惩戒或有以借贷为名实施诈骗、非法拘禁、敲诈勒索等套路贷类犯罪记录等前科的，应对其再次放贷行为重点关注。

（二）建立重点关注名单管理工作机制

通过各地法院的实践，实行重点关注名单管理工作机制，有利于提高套路

① 职业放贷人特征的考量因素：1. 原告的涉诉情况。一定时间段内原告在三次以上民间借贷纠纷案件中作为债权人可认定具有职业放贷人特征。2. 原、被告之间是否属于非熟人关系。参与民间借贷主体的多元化及借贷的市场化，导致了借贷关系的复杂化，双方之间的熟识程度，可作为原告是否具有职业放贷人特征的考量因素。3. 原告是否具备出借能力。职业放贷分工已趋模块化，若原告明显不具备出借能力，应对其职业放贷人“马甲”的身份持有合理怀疑。

放贷行为甄别与防范的成效，是现实可行的有效机制。对具有套路放贷行为表象的诉讼人群建立重点关注名单，对重点关注名单人员涉诉的案件，通过签订诚信保证书、优先引导调解、要求提供被告详细联系方式，尽量采取直接送达方式、通知本人到庭陈述案件事实等方法，建立和完善预警和防范工作机制。民间借贷法律关系相对简单，但事实认定却是审理此类案件的关键点也是难点所在。这是因为事实认定是法官根据经验法则，通过对证据材料的审查和证明力的认定、判断、取舍，并对比各方当事人不同证据的证明力，推断当事人之间既往发生的法律关系的事实过程。这一过程涵盖了经验法则的选择与运用，证据证明力的判断等，都不能通过明确的法律规定来实现，而只能依靠法官在案件审理过程中的自由心证。通过重点关注名单管理工作机制建设，为法官在审理民间借贷中存在套路放贷行为表象的案件锁定了范围，确立了自由心证的基础，为不诚信诉讼行为的惩戒提供了理据。

（三）加大事实和证据审查力度，合理分配举证责任

根据《最高人民法院关于依法妥善审理民间借贷案件的通知》的精神，对具有套路放贷行为表象的民间借贷案件，要加大对借贷事实和证据的审查力度。适度加大调查取证力度，查明事实真相。并通过合理分配举证责任有效规制套路放贷行为。

1. 针对款项交付争议的审查。在当前支付手段非常便捷的情况下，职业放贷人采用现金方式交付款项往往是有意为之，通常是利用现金方式交付无迹可寻，从而实现规避法院对虚增债务金额、扣头息、高息累入本金等违法债务审查的非法目的。因此款项是否交付不明、实际交付金额不清的，应由出借人对交付事实承担进一步的举证责任，举证不足的应承担举证不能的不利后果。通过加大现金交付证据的审查力度，引导民间借贷交付行为规范化。

2. 针对虚增债务金额的审查。被告抗辩存在虚增债务金额的，应作明确合理说明，并提供相应证据佐证。根据资金走账记录，如发现存在部分款项现金交付、全部或部分款项转回原告或者原告实际控制关联人账户、即时提取现金异常由原告方收回盖然性大等情形的，则由原告就借款实际交付金额承担进一步举证责任，举证不足的应承担举证不能的不利后果。

3. 针对多头转贷平账的审查。被告抗辩出借人通过多次多人转贷平账方式将高息累入本金或者虚增债务的，可以根据被告提供多次转贷平账的银行记录、借款借据等证据，根据高度盖然性原则进行判定。如认定多次转贷平账事

实存在的，必要时据实进行结算。虽然配合转贷平账的案外人并非本案借贷合同的相对方，但由于该案外人通常系真正债权人的“马甲”，并非是与借款人发生真实法律关系的主体，整个借款过程看似存在多个主体，但真正的债权人只有一个，其他人只是为虚增债务起虚拟主体的作用，此类案件必要时可突破合同的相对性，依职权采取一体化据实结算，即根据实际取得借款本金及实际占用借款期间的利息核定债权额，其实质是打破合同相对性的障碍，在连续多次重新出具债权凭证的情形下，本金和利息如何认定的问题。就该问题应依照《最高人民法院关于审理民间借贷案件适用法律若干问题的规定》第二十八条的规定进行处理，即应逐步认定各期本金，最终计算出最后一期的本息之和，再判断最后一期的本息之和有无超过法定上限，即以最初的本金为基数，以年利率24%计算的整个借款期间的利息与最初的本金之和。超过上限的部分，不予保护。多次转贷平账，其通常主观恶性大，还可能涉嫌犯罪，此类行为通常涉及多人通谋，隐蔽性强，单凭民事个案审查手段，甄别查明难度大，审理此类案件还需要加大与刑事侦查机关的衔接。

4. 针对债权人资格争议的审查。若原告提供的借据系填空式格式借据，债权人一栏存在肉眼可辨的事后添加痕迹，如明显非同一笔迹、同一支笔书写形成，或除出借人栏其他手书部分均加盖指模等，可认定债权人身份事后添加变造可能性大；若原告没有实际出借能力，或与被告不存在任何关系，被告又提供了其与案外人的交易记录印证的，可认定被告提出的债权人资格异议成立盖然性高。依据《最高人民法院关于审理民间借贷案件适用法律若干问题的规定》第二条第二款的规定，债权人异议成立的，裁定驳回原告的起诉，以达到让实际的债权人来起诉有利债务准确决算的目的。债权人资格争议还会引发假借他人收款收息等争议，则应结合原、被告与案外人（被告所主张的实际出借人或代收人）之间的关系、经济往来和催讨记录等因素综合判定被告向案外人打款与本案借款之间的关联性，必要时据实进行结算。审判实践中，部分法院为了查清案件事实将案外人追加为案件当事人参加诉讼，但由于案外人通常是真正债权人的“马甲”，其诉讼行为与原告往往保持一致，追加当事人并不能解决此类案件的问题，反而成为了审理上的程序障碍。解决此类案件问题，必要时可突破合同的相对性，依职权对借款与还款的事实采取一体化结算，即打破当事人所设置的合同相对性障碍，将被告向案外人打款的事实与本案的事实作关联化处理。

5. 针对预扣利息争议的审查。债权凭证载明的大部分款项通过银行转账，原告主张剩余部分款项以现金交付且缺乏其他证据印证，可认定存在预扣利息（俗称“扣头息”），以实际转账交付金额认定借款本金。对于预收保证金、押金、手续费等变相“扣头”的，相关金额应在本金中予以扣减，以实际的金额据实结算。

6. 针对高额利息的审查。从严把握法定利率的司法红线，审理过程中发现实际执行高额利率，而借据约定利率与实际执行利率不一致的，以较低利率标准认定，超过年利率24%的部分不予保护。借据中对利率没有约定或者认定属于事后添加的，由此造成利率标准认定不清的，则视为利息约定不明，对出借人主张的利息请求不予保护。

（四）加大协同处置，形成规制合力

套路放贷行为成因复杂，手段多样隐蔽，刑民交叉，合同形式往往只是表象，故单靠民事个案审查手段，难以全面准确查明案件真实，且不能实现分类处置效果。温州两级法院积极争取党委政府支持，努力探索建立跨部门协同处置机制，形成民事审查、行政监管和刑事打击多方联动综合治理体系。

1. 注重宣传引导，构建预防体系。及时向社会公布民间借贷纠纷案件中涉套路放贷行为的典型案例，强化风险警示，增强民众风险防范意识、引导民众远离套路放贷。

2. 推进民间融资备案登记，实现民间融资阳光化规范化。民间借贷登记服务中心是温州市金融综合改革试验区建设的成果之一，依法将民间借贷备案材料作为认定民间借贷真实性和合法性的重要证据，赋予备案材料较高的证据效力。准确把握合法民间融资与非法集资行为的界限，并将民间借贷备案登记情况作为区分罪与非罪的重要依据。

3. 加大诉讼惩戒，倡导诚信诉讼。对于故意变造借据、制造走账记录、恶意隐瞒还款事实等扰乱民事诉讼秩序的行为，依据民事诉讼法第一百一十一条、第一百一十二条之规定，依法予以罚款、拘留；构成犯罪的，移送公安机关、检察机关追究刑事责任。2017 年以来，温州两级法院加大套路贷规制，强化对不诚实诉讼的司法惩戒，累计对实施不诚信诉讼行为的72 人罚款147. 2万元，对22 人处以司法拘留。大量涉套路放贷行为的原告选择撤回起诉或据实结算与债务人和解，一批已经进入执行程序的案件得以和解，促成942 件案件撤诉或按撤诉处理，412 件案件撤回执行申请。温州两级法院受理的小额民间借贷案件数量明显下降。2018 年 1 至 7 月份，乐清法院民间借贷案件收案量同比下降 46.7%，八年来首次呈现下降趋势。尤其是小额借贷案件数量明显下降，小于 3 万元的案件由同期 1099 件下降到 269 件，3 万元以上到 10 万元的案件由 830 件下降到 430 件。苍南法院从今年第二季度开始出现民间借贷案件大幅下降，同比降幅 21.58%，调撤率同比上升 16.67%。2018 年三季度，全市法院民间借贷案件三年来首次出现收案同比下降。

4. 加强民事诉讼和行政监管协同处置。在民间借贷纠纷审理中发现从事发放贷款业务的单位和个人存在违规放贷，银行业金融机构从业人员作为主要成员或实际控制人开展有组织的民间借贷，银行业金融机构从业人员参与非法金融活动等行为的，应将相关材料移送地方金融监管部门查处。

5. 加强民事诉讼和刑事诉讼的衔接，形成规制合力。在民间借贷纠纷审理中发现涉嫌诈骗、敲诈勒索、寻衅滋事、虚假诉讼、非法吸收公众存款、高利转贷等违法犯罪行为的，应当将涉嫌犯罪的线索、材料及时移送公安机关、检察机关处理。

四、结语

推进民间融资阳光化、规范化，促进民间融资健康发展，是温州金改的重要任务。温州法院会时刻注意套路放贷行为的变化，不断完善修正针对套路放贷行为的多元化解机制，有效防范和规制违法违规借贷行为，促进合法有序的融资秩序建构。

附件一：

温州市中级人民法院

关于印发《关于民间借贷案件审查工作指引（试行）》的通知

2018 年 10 月 24 日　　　　温中法〔2018〕73 号

各县（市、区）人民法院、本院各部门：

《关于民间借贷案件审查工作指引（试行）》已经我院第二十六次审判委

员会讨论通过，现予以印发。在执行过程中如遇到问题，请及时报告本院民五庭。

温州市中级人民法院

关于民间借贷案件审查工作指引（试行）

为规范民间融资健康发展，加大对违法违规借贷行为规制，维护社会公信和司法权威，护航金融经济秩序稳步发展，保障人民群众的合法权益。依照《最高人民法院关于审理民间借贷案件适用法律若干问题的规定》及《最高人民法院关于依法妥善审理民间借贷案件的通知》等规定，结合审判实践，特制定本工作指引。

一、民间融资作为多元化资本体系的重要组成，对于丰富资本市场，推动金融市场竞争，具有积极的意义。合法民间借贷行为依法受法律保护。

民间职业放贷群体盲目追求不当高额利益，通过变造填空式借据、制造走账流水、转贷平账、假借现金给付、虚构债权人、他人收款收息、恶意制造违约事实、收取高额费用、预收利息保证金等手段，制造证据链闭环，虚增债务金额，规避法院对虚假诉讼和违法高息的司法审查（以下统称“套路放贷行为”），是当前民间借贷行为合法合规审查的重点。

二、在民事审判中甄别与防范套路放贷行为可结合以下因素综合认定：

（一）原告属于职业放贷人或具有职业放贷人特征；

（二）采用格式合同，通常借贷合同中出借人身份、利率标准等要素采用填空方式；

（三）存在高利贷表象；

（四）存在有意规避款项交付事实审查的表象，如假借现金交付、制造走账流水等；

（五）存在有意隐匿还款付息事实审查的表象，如假借他人账外收款收息等；

（六）对借贷合意、款项交付、还本付息等主要事实陈述不清，前后矛盾；

（七）以暴力等非法手段催收借款；

（八）有因实施虚假诉讼、套路贷等不诚信行为受到司法惩戒或刑罚记录。

三、针对本指引第二条规定情形的诉讼人群应建立重点关注名单。对重点关注名单人员涉诉的案件，应通过签订诚信保证书、优先引导调解、要求提供被告详细联系方式，尽量采取直接送达方式、通知本人到庭陈述案件事实等方法，建立和完善重点关注名单管理工作机制。

四、对存在套路放贷行为表象的案件，应加大对借贷事实和证据的审查力度，适度加大调查取证力度，通过合理分配举证责任有效规制套路放贷行为。

（一）针对款项交付争议的审查。在当前支付手段便捷的情况下，原告主张现金交付具有规避款项实际交付事实审查的可能性大，造成交付事实争议的，由原告对交付事实承担进一步的举证责任，举证不足的应承担举证不能的不利后果。

（二）针对虚增债务金额的审查。被告抗辩存在虚增债务金额的，应作明确合理说明，并提供相应证据佐证。根据资金走账记录，如发现存在部分款项现金交付、全部或部分款项转回原告或者原告实际控制关联人账户、即时提取现金异常由原告方收回盖然性大等情形的，则由原告就借款实际交付金额承担进一步举证责任，举证不足的应承担举证不能的不利后果。

（三）针对多头转贷平账的审查。被告抗辩出借人通过多次多人转贷平账方式将高息累入本金或者虚增债务的，可以根据被告提供多次转贷平账的银行记录、借款借据等证据，根据高度盖然性原则进行判定。如认定多次转贷平账事实存在，必要时可据实结算。

（四）针对债权人资格争议的审查。若原告提供的借据系填空式格式借据，债权人一栏存在肉眼可辨的事后添加痕迹，如明显非同一笔迹、同一支笔书写形成，或除出借人栏其他手书部分均加盖指模等，可认定债权人身份事后添加变造可能性大；若原告没有实际出借能力，或与被告不存在任何关系，被告又提供了其与案外人的交易记录印证的，可认定被告提出的债权人资格异议成立盖然性高。债权人资格争议还会引发假借他人收款收息等争议，则应结合原、被告与案外人（被告所主张的实际出借人或代收人）之间的关系、经济往来和催讨记录等因素综合判定被告向案外人打款与本案借款之间的关联性，必要时可对涉案债务据实结算。

（五）针对利息扣头行为的审查。债权凭证载明的大部分款项通过银行转账，原告主张剩余部分款项以现金交付且缺乏其他证据印证，可认定利息扣头，以实际转账交付金额认定借款本金。对于预收保证金、押金、手续费等变相扣头的，相关金额应在本金中予以扣减，以实际的金额据实结算。

（六）针对高额利息的审查。从严把握法定利率的司法红线，审理过程中发现实际执行高额利率，而借据约定利率与实际执行利率不一致的，以较低利率标准认定，超过年利率24%的部分不予保护。借据中对利率没有约定或者认定属于事后添加的，由此造成利率标准认定不清的，则视为利息约定不明，对出借人主张的利息请求不予支持。

五、注重宣传引导，构建预防体系。及时向社会公布民间借贷纠纷案件中涉套路放贷行为的典型案例，强化风险警示，增强民众风险防范意识、引导民众远离套路放贷。

六、推进民间融资备案登记，实现民间融资阳光化规范化。要依法将民间借贷备案材料作为认定民间借贷真实性和合法性的重要证据，赋予备案材料较高的证据效力。要准确把握合法民间融资与非法集资行为的界限，并将民间借贷备案登记情况作为区分罪与非罪的重要依据。

七、加强民事诉讼和行政监管协同处置。在民间借贷纠纷审理中发现从事发放贷款业务的单位和个人存在违规放贷，银行业金融机构从业人员作为主要成员或实际控制人开展有组织的民间借贷，银行业金融机构从业人员参与非法金融活动等行为的，应将相关材料移送地方金融监管部门查处。

八、加大诉讼惩戒，倡导诚信诉讼。对于故意变造借据、制造走账记录、恶意隐瞒还款事实等扰乱民事诉讼秩序的行为，依据民事诉讼法第一百一十一条、第一百一十二条之规定，依法予以罚款、拘留；构成犯罪的，移送公安机关或检察机关追究刑事责任。

九、加强民事诉讼和刑事诉讼的衔接。在民间借贷纠纷审理中发现涉嫌诈骗、敲诈勒索、寻衅滋事、虚假诉讼、非法吸收公众存款、高利转贷等违法犯罪行为的，应当将涉嫌犯罪的线索、材料及时移送公安机关或检察机关处理。

附件二：

合力规制套路放贷行为
促进民间融资健康发展
典型案例

1. 潘某诉杨某民间借贷纠纷案

【案例索引】

（2018）浙03民终1918号

【典型问题】

假借现金给付规避款项交付事实的审查

【案情摘要】

杨某于2015年1月9日向潘某出具一份《欠款欠据》，载明借款金额为65万元、月利率为3%。据此，潘某于2018年1月10日诉至乐清法院，请求杨某偿还欠款65万元并支付自2015年1月9日起按月利率3%计算的利息（暂计70.2万元）。潘某主张款项系现金交付并在欠据上注明。杨某抗辩称潘某并未实际交付65万元借款，诉争欠款系杨某前期向潘某借款20万元以高息利滚利计算形成，且出具《欠款欠据》的同一天杨某还通过银行转账至潘某账户19.2万元。

【裁判要点】

温州中院经审理认为，潘某持有杨某出具的一份65万元的《欠款欠据》提起民间借贷诉讼并主张款项系现金交付，但对于款项的来源潘某一、二审陈述不一，在潘某主张出借款项的同一天，杨某有一笔19.2万元款项汇入潘某账户，潘某对此亦无法作出合理解释，另经二审法院审查潘某涉诉较多，具有职业放贷的迹象，因主张现金交付，导致对于款项是否实际发生以及实际发生的数额等方面难以审查，主张现金交付亦具有规避款项实际交付情况审查的可能性。因此，潘某应当对款项交付金额承担举证不能的不利后果，故二审法院以杨某自认的实际借款本金及利息认定潘某所享有的债权额。

【应用提示】

假借现金给付规避款项实际交付事实是职业放贷常用套路。在当前支付手段非常便捷的情况下，职业放贷人采用现金方式交付款项往往是有意为之，通常是利用现金方式交付无迹可寻，从而实现规避法院对虚增债务金额、高息累入本金等违法债务审查的非法目的。因此造成款项是否交付不明、实际交付金额不清的，应由出借人对交付事实承担进一步的举证责任，举证不足的应承担举证不能的不利后果。通过加大现金交付证据的审查力度，引导民间借贷交付行为规范化。

（撰写人：李劼）

2. 董某诉杨某民间借贷纠纷案

【案例索引】

（2018）浙03民终3637号

【典型问题】

利息扣头行为的审查

【案情摘要】

董某于2017年5月15日分别转账3万元、5万元至杨某账户，杨某于同日向董某出具一份载明借款金额为8万元，月利率为2%的借据。后董某诉至法院要求杨某偿还8万元借款本息。杨某抗辩称本案借款实际收到的金额并非8万元，在董某转账3万元至杨某账户后杨某应董某的要求取现支付利息，董某已预扣利息8000元。

【裁判要点】

温州中院经审理认为，从董某提供的借款合同形式来看，采用格式合同且合同中出借人身份、利率标准等要素采用填空方式，本案具备了套路放贷行为的典型特征，结合出借人分两次交付涉案借款，而借款人在收到第一笔3万元借款后立即取现的银行资金不正常流转现象，可认定借款人杨某关于本案借款预扣利息8000元的上诉主张可信度高，应予支持，扣除杨某预付的头息8000元，本案实际交付借款本金应为7.2万元。

【应用提示】

借款时预扣利息是民间借贷常见手段，不受法律保护。当事人提前预扣利息的方式日益隐蔽，法院应加大审查力度，并根据民事诉讼举证责任分配规则加大对利息扣头行为的规制，避免变相提前扣除利息行为的合法化。本案中董某所持有的借据系出借人身份、利率标准等要素采用填空方式的格式借据，且董某与杨某之间并非熟人关系，本案存在套路放贷行为的表象，虽然借据载明的金额与董某两次所汇金额相吻合，但董某一笔借款同日分两次汇付以及杨某收到第一笔款项后即时取现的异常现象可认定杨某预扣利息的盖然性大，相关金额应在本金中予以扣减，以实际的金额据实结算。

（撰写人：李劼）

3. 李某诉张某民间借贷纠纷案

【案例索引】

（2018）浙03民终5087号

【典型问题】

债权人资格异议的审查

【案情摘要】

李某持有张某于2016年9月23日出具的金额为8万元的借条及李某于2016年9月24日向张某转账7.1万元的银行汇款凭证诉至法院，要求张某归还借款。张某抗辩称其并不认识李某，债权人系案外人刘某，且其已经归还借款至刘某账户。张某所出具的借条系填空式的格式合同，出借人等要素均系手书形成，李某承认张某出具借条时借条上并未注明出借人身份。

【裁判要点】

温州中院经审理认为，李某所提供的借条系填空式的格式合同，且经审查李某涉案较多，具有职业放贷人迹象，本案系存在套路放贷行为表象的案件。本案诉争的借款虽由李某汇至张某账户，但张某一审中提供了未载明出借人身份的借条照片，且李某亦承认借条出借人身份是在事后所填写，因此，李某原所持有的借条是没有载明债权人身份的债权凭证，现张某主张本案的债权人系刘某而非李某，并提供了相应的证据予以佐证，故二审法院支持了张某提出的债权人资格异议的上诉理由。

【应用提示】

采用填空式借据是民间职业放贷的常见套路。职业放贷人常常存在许多“马甲”，利用填空式的格式合同在起诉前任意添加债权人，需要防范的是：一是规避法院对职业放贷群体管理；二是实际放贷人自身负债累累，借用“清洁马甲”起诉，目的是逃避债务承担；三是实现收付错位，即债权人或借款给付与还款收息经手人往往不是同一人，从而否认涉案借款实际收取高息及还款事实。此类案件中，若原被告不存在熟人关系或其他客观借贷表象，被告又提供了其与案外人的借贷合意、还款付息、催款记录等相应证据印证的，可认定被告提出的债权人资格异议成立盖然性高，以达到让实际的债权人来起诉有利债务准确决算的目的。填空式格式合同背离合同一次性形成原则，出现争议由合同提供人或保管人承担举证不利后果，具有举证责任分配的合理性，有利于民间借贷合同行为规范化。

（撰写人：李劼）

4. 王某诉朱某民间借贷纠纷案

【案例索引】

（2018）浙0327司惩3号、（2018）浙03司惩复5号

【典型问题】

变造借据行为的司法惩戒

【案情摘要】

朱某分别于2017年1月1日、2017年2月12日向王某借款1万元、2万元，并出具了两份填空式《借款借据》。王某于2017年11月向法院起诉要求朱某偿还借款本金3万元并支付相应的利息（利息按借据载明的利率从借款之日计算至债务履行完毕之日止）。庭审过程中，王某承认两份《借款借据》上的出借人姓名、还款期限、利率部分均系其起诉前自行添加。

【审查要点】

法院经审查认为，王某提交的《借款借据》直接影响相关借贷事实的认定，其主张在借据上自行添加的部分已经借贷双方口头约定，但未提供证据予以证实。王某故意对借据关键信息进行事后添加的行为属于伪造重要证据，妨碍了人民法院审理案件。据此，法院作出拘留决定书，对王某处以拘留七日（已移交执行）。

【应用提示】

当前民间借贷中，大量使用填空式借款借据，事后任意添加变造出借人身份、借款金额、借款期限、利率标准等要素事实，制造阴阳合同条款，规避司法审查，以谋取不当诉求，严重影响法院对案件事实的准确认定，扰乱诚信诉讼秩序，影响司法公正。故有必要加大诉讼惩戒力度，以营造诚信诉讼良好氛围，引导民间借贷行为规范化，维护诚信诉讼。

（撰写人：马俏、徐晓文）

5. 陈某诉张某民间借贷纠纷案

【案例索引】

（2018）浙0327司惩6号、（2018）浙03司惩复14号

【典型问题】

虚增债务金额、故意隐瞒被告还款情况的司法惩戒

【案情摘要】

2017年5月，张某出具《借条》一份，载明借到2万元款项。《借条》出借人一栏空白，未明确约定借款利率。2018年1月，陈某持该《借条》提起诉讼，要求张某偿还借款2万元。一审期间，法院对陈某制作了谈话笔录，经反复询问，陈某承认其实际仅出借1万元现金却让张某出具了2万元的借条，且张某已偿还7000多元。后陈某向法院申请撤诉。

【审查要点】

法院经审查认为，陈某虚增债务金额并在起诉时故意隐瞒了张某已偿还部分款项的事实，其不诚实诉讼行为已严重妨碍人民法院审理案件，故对其处以罚款2万元。

【应用提示】

本案中，经法院反复核实，陈某才承认本案实际借款金额仅1万元、张某已偿还大部分借款的事实。虽然陈某最终向法院申请撤回起诉，但其行为已严重扰乱了民事诉讼秩序，应予严惩。法院通过关联案件检索发现陈某多次作为原告提起民间借贷诉讼，具有典型的职业放贷人特征。在大量的职业放贷人案件中，借款金额较小且常以现金方式交付，被告缺席率又较高，因此法院应加大力度审查借款及还款事实，有效防范虚假诉讼。对在诉讼过程中捏造借款事实、虚增债务金额、故意隐瞒被告还款情况等损害他人合法权益的行为，法院依法予以罚款、拘留；构成犯罪的，移送司法机关追究刑事责任。加大司法惩戒力度，有效遏制不诚信诉讼行为。

（撰写人：马俏、徐晓文）

6. 黄某诉王某民间借贷纠纷案

【案例索引】

（2018）浙03民终5099号

【典型问题】

转贷平账行为审查

【案情摘要】

2018年3月15日，王某与黄某签订《担保借款合同》，约定王某向黄某借款70万元，并由王某提供自有房产作为抵押。同日，黄某将70万元汇入王

某银行账户，并由王某出具收条。据此，黄某向龙湾法院起诉，请求判令王某偿还借款本息，并确认对抵押房产享有优先受偿权。一审期间，王某经合法传唤，未到庭参加诉讼。龙湾法院一审判决支持了黄某的诉讼请求。王某向温州中院提起上诉，提出“套路贷”抗辩，并提交公安机关立案决定书。经与公安机关核实，王某被诈骗案已由公安机关立案侦查，涉案70万元借款在黄某出借前，经多次转贷平账累加而成，有关参与犯罪嫌疑人已被公安机关控制。

【裁判要点】

温州中院经审理认为，二审审理期间发现公安机关已对王某被诈骗案立案侦查，该刑事案件的相关事实有可能影响到本案案件事实的认定，为妥善解决纠纷，本案应先驳回黄某的起诉。待刑事程序终结后，当事人如有纠纷，可另行提起民事诉讼。据此，裁定撤销一审判决，驳回黄某的起诉，并将本案相关材料移送公安机关。

【应用提示】

通过多次转贷平账，虚增债务金额是民间职业放贷的常见套路。其通常主观恶性大，可能涉嫌犯罪。此类行为通常涉及多人通谋，隐蔽性强，单凭民事个案审查手段，甄别查明难度大，需加大与刑事侦查机关衔接。本案中，虽尚无证据表明黄某有参与通谋，但涉案70万元借款涉嫌系多次转贷平账形成，涉嫌诈骗事实，背离合同真实，不能简单按有效合同予以认定。刑事案件查明认定事实，可能影响本案民事合同效力和民事责任的认定，故本案先予驳回起诉，移送公安机关处理。加大刑民衔接，是有效防范“套路贷”犯罪的可行路径。

（撰写人：潘林华、方如意）

7. 陈某诉梅某、屠某、洪某民间借贷纠纷三案

【案例索引】

（2017）浙0327民初9829号、12320号、12321号

【典型问题】

职业放贷团体的“套路贷”行为审查

【案情摘要】

梅某于2017年6月25日、屠某于2017年10月8日、洪某于2017年9月13日各自分别向陈某出具借款金额为2万元、月利率3%的借据一份。陈某持上述三份借据分别向苍南法院起诉，请求判令三被告按借据载明的借款金额偿

还借款本息。

一审期间，三案中被告均抗辩陈某并非实际出借人，实际出借人系案外人"李某""温某""杨某"，并主张案件存在虚增债务金额、利息扣头、高利贷等"套路贷"行为，例如梅某抗辩借据载明金额为2万元，但约定的借款金额为1万元，实际交付只有8800元。苍南法院另查实陈某作为原告的案件有16件，上述三案中被告提及的案外人"李某"作为原告的案件有4件，"温某"作为原告的有46件，且这些案件中借条的格式基本相同、出借人一般都为空白。

苍南法院经审理认为，原告陈某及案外人"李某""温某""杨某"等人的行为有可能存在《温州市公安局关于征集涉黑涉恶违法犯罪线索的通告》涉及的情形，故将线索移送公安机关，并在公安机关立案侦查后，驳回了陈某的起诉。

【应用提示】

职业放贷人一般多人组成团队，带有明显的产业链迹象，其内部分工明确，介绍人、放款人、收款人、收息人、催收人、起诉人可能均非同一人。他们利用空白借条优势，随意填写出借人姓名，频繁更换诉讼"马甲"。出资人、还款收款人与原告不一致容易造成借贷事实难以查清，虚增债务、隐瞒还款、高利贷现象频发。鉴于民事审查手段有限，个案审理很难甄别查明职业放贷团体之间的协作和套路放贷行为，故此类案件中如果发现主观恶性较大，存在虚假诉讼嫌疑的，应加大民刑协同力度，必要时可将线索移送公安机关，利用刑事手段有效防范打击套路放贷中的刑事犯罪行为。

（撰写人：曾庆建）

8. 检察机关指控戴某虚假诉讼一案

【案例索引】

（2016）浙0304刑初25号

【典型问题】

制造银行流水，虚增债务金额行为的审查

【案情摘要】

徐某与毛某向戴某借款37万元，由毛某于2009年2月18日出具一份37万元的借据。2009年4月11日，毛某偿付借款10万元。后戴某向鹿城法院起诉请求判令毛某偿还借款37万元及利息并胜诉。2009年12月15日，戴某通过将高息计入本金再高息累计复利的方式虚增借款本金至97万元，由徐某出具借据一份，并伪造了戴某向徐某交付97万元借款的银行转账记录。后戴某向瓯海法院起诉请求判令徐某偿还97万元借款及利息并胜诉。2016年3月24日，经瓯海法院再审，作出撤销上述民事判决及徐某偿还戴某借款本息498727元的判决。

【裁判要点】

瓯海法院经审理认为，戴某以部分捏造的事实提起民事诉讼，妨害司法秩序，其行为已构成虚假诉讼罪。

【应用提示】

债权人通过隐瞒还款事实、变造借条、虚构银行流水凭证等套路放贷行为谋取高额利息，数额巨大，构成非法侵占债务人财产的，则可能构成刑事犯罪。如本案被告人戴某通过虚构银行流水凭证、捏造借款事实的行为，就同一笔债权骗取两份生效的、可执行的民事判决，已经对民事诉讼秩序造成严重侵害，最终被法院认定构成虚假诉讼罪，受到刑事制裁。

（撰写人：曾庆建）

民事执行和解协议可诉性探析

桂婷婷*

一、案例引入及问题提出

2011年8月31日，舟山市中级人民法院作出（2010）浙舟商初字第7号民事判决，判令加藤佳公司向中国银行归还6000万元借款本金、利息及实现债权费用。中国银行对东海岸公司享有从属之担保权利。该判决生效后，中国

* 作者单位：浙江省舟山市中级人民法院。

银行将该判决书项下的债权及从属之担保权利转让给中国东方资产管理公司杭州办事处，中国东方资产管理公司杭州办事处又转让给海洋大学资产经营公司、银坊公司、乐利平。2015 年 3 月 18 日，作为申请执行人的海洋大学资产经营公司、银坊公司、乐利平与作为被执行人的东海岸公司、加藤佳公司、港明公司、胡佰海、章虹达成了和解协议。2016 年 5 月，海洋大学资产经营公司、银坊公司、乐利平以和解协议未被被执行人一方履行为由，请求恢复拍卖、继续执行东海岸公司抵押财产，舟山市中级人民法院于 2016 年 5 月 17 日作出（2012）浙舟执民字第 11 号函，决定恢复对东海岸公司抵偿资产的评估、拍卖、案件继续执行。2016 年 8 月 22 日，东海岸公司以海洋大学资产经营公司、银坊公司、乐利平未按和解协议的约定将财产过户至新设立的公司或所指定的公司，并提前要求执行东海岸公司财产，应承担违约责任为由诉至法院，请求判令海洋大学资产经营公司、银坊公司、乐利平共同支付财产抵偿差价 90305534 元及违约金 1000 万元。

一审法院认为，根据相关法律及司法解释规定，在执行中，双方当事人可以自愿达成和解协议，变更生效法律文书确定的履行义务主体、标的物及其数额、履行期限和履行方式。根据《最高人民法院关于适用〈中华人民共和国民事诉讼法〉的解释》（以下简称《民事诉讼法解释》）第四百六十七条规定，一方当事人不履行或者不完全履行在执行中双方自愿达成的和解协议，对方当事人申请执行原生效法律文书的，人民法院应当恢复执行，但和解协议已履行的部分应当扣除。和解协议已经履行完毕的，人民法院不予恢复执行。因此，从根本上讲，因执行和解协议而产生的纠纷与生效判决所确定的事项属同一诉讼标的，当事人争议的民事法律关系并没有改变，诉讼标的也没有改变，和解协议不具有消灭生效判决既判力的效力。根据已作出的生效裁判文书，东海岸公司系（2012）浙舟执民字第 11 号案被执行人。在该案执行过程中，东海岸公司与同为被执行人的加藤佳公司、港明公司、胡佰海、章虹与作为申请执行人的海洋大学资产经营公司、银坊公司、乐利平达成了和解协议。2016 年 5 月，海洋大学资产经营公司、银坊公司、乐利平以东海岸公司等诸被执行人未履行和解协议为由申请继续执行，法院决定继续执行并通知东海岸公司等被执行人。因此，在原生效法律文书仍在执行的情况下，东海岸公司依据和解协议提起民事诉讼，实际上是对同一案件的第二次起诉，违反了一事不再理原则。一审法院最终裁定驳回东海岸公司的起诉。

一审宣判后，东海岸公司不服，提起上诉。二审法院经审理，裁定驳回上诉，维持原裁定。

在原生效法律文书仍在执行的情况下，当事人能否依据执行和解协议提起民事诉讼，该诉讼与原生效法律文书所涉的诉讼是否属于重复诉讼、是否违反一事不再理原则。对此，各法院看法不一，这就造成了司法实践的混乱，也加剧了执行和解的负面效果。所以，解决执行和解协议是否具有可诉性的问题成为当务之急。而解决这一问题又与执行和解的性质定位与效力状态密切相关。

二、执行和解的性质及法律效力

执行和解，是指在执行程序中，双方当事人经平等协商，就变更执行依据所确定的权利义务关系自愿达成协议，从而使原执行程序不再进行的制度。执行和解作为我国独创的制度，有利于弥补强制执行程序的不足，是解决执行争执的一种有力手段。然而，在理论和实践中，关于执行和解的性质及效力，一直存在颇多争议。目前，我国学界一般认为，执行和解是诉讼外和解，只具有当事人自主解决的性质，其本质上属于私法行为，执行和解协议为民法上的和解契约，只产生私法效果，对当事人产生合同上的约束力，受民事法律规范调整。而不能与诉讼和解一样产生诉讼法上的公法效果，更没有如同判决一样的法律效力。① 从执行和解的私法性质这一本质法律属性为基点，司法实践中主要引申出对两组关系的把握。

（一）执行和解与执行程序的关系

从法理上而言，执行和解体现的是执行程序中公权力对私权利的尊重，而非私权利对公权力的制约，所以，除非出现法定事由，原则上执行程序不得当然停止。另一方面，尽管当事人达成执行和解的最终目的是为了终结执行程序，但基于执行和解私法协议的性质，当事人达成和解协议甚至已经开始履行后，执行程序也并不当然暂缓、中止或终结。根据《民事诉讼法解释》第四百六十六条规定："申请执行人与被执行人达成和解协议后请求中止执行或者撤回执行申请的，人民法院可以裁定中止执行或者终结执行。"该条规定赋予了申请执行人程序选择权，即当事人达成和解协议后，如果申请执行人提出申请，则法院可视案件具体情况中止或终结执行，否则法院仍可以对被执行人采

① 沈德咏主编：《最高人民法院民事诉讼法司法解释理解与适用》，人民法院出版社2015年版，第1245～1246页。

取进一步的执行措施。同时，《民事诉讼法解释》第四百六十七条又就执行和解协议与执行程序的衔接进行了规定，按照执行和解协议的履行情况予以区分，一方当事人不履行或不完全履行和解协议，对方当事人申请执行原生效法律文书的，法院应恢复执行，但应扣除和解协议已履行部分；和解协议已经履行完毕的，则不予恢复执行。

（二）执行和解协议与原生效裁判的关系

执行和解协议是债权人与债务人在执行过程中就执行事项达成的合意，而生效法律文书是根据法律规定，通过一定程序对实体权利义务的确认。根据《最高人民法院关于人民法院执行工作若干问题的规定（试行）》第89条规定："在执行中，双方当事人可以自愿达成和解协议，变更生效法律文书确定的履行义务主体、标的物及其数额、履行期限和履行方式。"由此可以得出，执行和解协议与原生效法律文书并不完全对立，更不是对原生效法律文书的否定，只是对作为执行根据的生效法律文书所确定的权利义务进行修正或变通，这种修正或变通其实是实现生效法律文书已确定的权利的一种方法，也是对未能正常实现的权利的一种私力救济途径。① 从结果意义而言，执行和解协议是否实际履行又直接被视为原生效裁判的是否实际履行，直接影响执行程序的终结。如果当事人不履行执行和解协议约定义务的，生效法律文书确定的实体权利义务关系就没有消灭，因此，需要恢复原生效法律文书执行；如果当事人按照执行和解协议履行完毕的，执行程序即告终结，业已存在的诉讼法律关系也随之消灭。

三、对执行和解协议可诉性的理解与适用

（一）执行和解协议之诉的理论分歧

尽管执行和解在化解"执行难"、缓解社会矛盾、实现双方利益共赢等方面发挥着巨大作用，但实践中，当事人由于执行和解协议引发的争议却屡见不鲜。在发生争议的情况下如何寻求救济，虽然民事诉讼法第二百三十条规定了因欺诈、胁迫而达成执行和解协议的，申请执行人可以申请恢复执行原生效法律文书，但仅规定这一种情形，显然无法满足复杂多变的现实状况以及当事人的救济需求。所以，从完善当事人救济途径的考虑出发，执行和解协议是否具

① 金俊银：《对执行和解若干问题的探讨》，载《法律适用》2005年第9期。

有可诉性就成为问题的关键和争论的焦点。

支持的观点认为，执行和解协议在本质上属于设立、变更、终止民事权利义务的私法契约，法律应赋予执行和解协议以契约同等的保护，因履行执行和解协议产生的纠纷属于一般民事纠纷的范畴，一方当事人向人民法院提起诉讼，应属法院的受案范围。反对的观点则认为，法院对执行和解协议履行过程中的纠纷再行审理违反了一事不再理原则，并且执行和解协议对原判决事项的履行内容进行了变更，若根据执行和解协议的内容作出判决，则其内容必定与原生效判决的内容相矛盾，这也违反了既判力理论。

笔者认为，关于执行和解协议能否成为起诉依据，还应当回到执行和解协议的性质及效力语境下来讨论。执行和解协议是当事人之间协商一致达成的变更或补充协议，对合同当事人均具有法律上的约束力。民事诉讼法虽然明文规定了在因受欺诈、胁迫达成和解协议或者当事人不履行和解协议的情况下，申请执行人可以采取申请执行原生效判决的救济方式，但并未排除其他符合法律规定的救济途径。在既无法律明文禁止，又无充分正当理由的情况下，不宜轻易地完全否定这一项诉权。

（二）执行和解协议之诉的现实路径

虽然基于尊重诉权的考虑，应允许执行当事人以执行和解协议为诉因，向法院提起新的民事诉讼来维护自身权益。但这种可诉性并非不受任何限制，因此，司法实践对于认可当事人因执行和解协议而享有诉权仍持审慎态度。

目前，关于执行和解协议另行起诉的相关规定只散见于一些司法解释中。1995 年 2 月，最高人民法院经济庭（当时内设执行组）作出经他〔1995〕2 号《关于当事人在执行中达成和解协议且已履行完毕的不应恢复执行的函》，指出执行和解协议履行完毕后，债权人提出和解协议中确定的以物抵债的标的物质量不合格的，应当通过另行诉讼解决。2002 年 1 月，《最高人民法院关于当事人对人民法院生效法律文书所确定的给付事项超过申请执行期限后又重新就其中的部分给付内容达成新的协议的应否立案的批复》（〔2001〕民立他字第 34 号）规定："当事人就人民法院生效裁判文书所确定的给付事项超过执行期限后又重新达成协议的，应当视为当事人之间形成了新的民事法律关系，当事人就该新协议向人民法院提起诉讼的，只要符合民事诉讼法立案受理的有关规定的，人民法院应当受理。"2005 年 6 月，《最高人民法院关于当事人对迟延履行和解协议的争议应当另诉解决的复函》（〔2005〕执监字第 24－1 号）

指出，当事人对延迟履行和解协议的争议，不属执行程序处理，应由当事人另诉解决。由此可见，最高人民法院虽然在对有关个案的答复中认可了和解协议的可诉性，但就适用范围而言，明确具有可诉性的和解协议仅限于特定情形。从目前实践中的情况看，另行起诉只是在不能得到民事诉讼法规定的强制执行途径的有效救济的情况下，当事人可以选择的补充做法。①

鉴于法律尚未作出明确规定，笔者认为，实践中遇到当事人就执行和解协议另行起诉的情况，原则上不应违反现有法律的规定，技术上则需协调执行和解协议与原生效法律文书二者之间的关系。一旦恢复执行原生效法律文书后，当事人又就执行和解协议提起诉讼的，则不予受理；若法院不予恢复执行原生效法律文书，当事人可就相关民事纠纷向有管辖权的法院提起诉讼。这样既避免了当事人因诉讼胜诉结果与此前取得的执行名义而获得双倍受偿，又为其在无法恢复执行时提供了权利救济的路径。在判断是否属于重复诉讼时，仍应严格按照诉的要素进行分析，从当事人、诉讼标的、诉讼请求是否相同等方面予以把握。

四、本案处理

回到本文开头提到的案例，东海岸公司据以起诉的和解协议性质属于执行和解协议，就其约定的内容而言，是各方当事人对判决书确认给付内容如何履行的再约定。在东海岸公司起诉之前，法院经海洋大学资产经营公司、银坊公司、乐利平的申请，已恢复了执行。在原生效法律文书尚在执行中，且又不存在其他司法解释规定的特殊情形的情况下，东海岸公司提起本案诉讼，违反了一事不再理原则，故应裁定驳回东海岸公司的起诉。

① 江必新主编：《新民诉法解释法义精要与实务指引》，法律出版社2015年版，第1089页。

[新类型疑难案例选评]

阿迪达斯公司与小金蛋贸易公司侵害商标权纠纷案

黄海健*

【裁判要旨】

线上销售商品的商标侵权判定应当以相关公众的一般注意力为标准，通过整体比对、要部比对、隔离比对等方法进行司法判断；法定赔偿数额的确定可借鉴刑事量刑规范化的技术性手段，综合考虑被告侵权情节及涉案商标标识的显著性和知名度来酌定，同时还应充分考虑线上销售的特殊性。电子数据作为单独的证据类型，有独特的证明力大小判断规则。

【案例索引】

一审：温州市瓯海区人民法院（2016）浙0304民初2066号

【基本案情】

原告：阿迪达斯有限公司（以下简称阿迪达斯公司）。

被告：温州小金蛋贸易有限公司（以下简称小金蛋公司）。

温州市瓯海区人民法院经审理查明：原告为第169865号商标、第G730835号商标、第1489454号商标的商标权人，上述商标均在有效期内，核定使用的商品类别均包括鞋子。被告成立于2012年3月30日，注册资金为人

* 作者单位：浙江省温州市瓯海区人民法院。

民币3万元，淘宝天猫网站上的“小金蛋旗舰店”系由其经营管理。

2015年9月15日，原告的委托代理人在公证人员的监督下，通过淘宝天猫“小金蛋旗舰店”分别以79元[①]、79元[②]、59元[③]的价格在线购买了三双鞋子，并于同月25日确认收货。该三双涉案鞋子由公证人员分别予以拍照、封存，封存实物在庭审中予以当庭拆封并由双方当事人分别发表比对意见。封存实物内有三个鞋盒，盒内各有一双鞋子，被控侵权鞋1 在鞋背两侧有三条向右下方向平行斜条纹，条纹边缘为锯齿状；被控侵权鞋2 在鞋舌、鞋面中部及鞋后跟位置有 标识，在鞋背两侧有三条向右下方向平行的条纹，条纹长短不一致，条纹表面有细小的圆形斑点；被控侵权鞋3 ，在鞋舌位置有 标识。

上述被控侵权商品均为被告生产、销售，具体线上销售情况如下表[④]所示。

	被控侵权鞋1		被控侵权鞋2		被控侵权鞋3
售价（元/双）	69	59	69	59	59
销售数量（双）	19	2595	3835	92895	310
销售期间	2015.7.2－2016.1.3		2015.7.12－2016.6.19		2015.7.12－2016.1.3
线上销售总量	3450		160006		310

另查明，原告为制止侵权、进行本案诉讼支出了律师代理费36000元、公证费4000元。

原告阿迪达斯公司提出如下诉讼请求：第一，被告立即停止生产、销售侵害原告第1489454、G730835、169865号注册商标专用权产品的行为，并销毁所有侵权产品；第二，被告赔偿原告经济损失300万元（含合理费用）。

① 以下表述为被控侵权鞋1。

② 以下表述为被控侵权鞋2。

③ 以下表述为被控侵权鞋3。

④ 鉴于被控侵权鞋1、2大部分通过聚划算售出，故该价格为被控侵权鞋1、2的淘宝聚划算售价。表格第三行销售数量为聚划算所售数量，第五行销售总量指包括聚划算售量在内的该产品线上销售总量。

被告小金蛋公司答辩认为原告确享有第1489454、G730835、169865号注册商标专用权，但第G730835商标标识为整只鞋子，并不单指三条纹；被告销售的商品所用标识与原告享有商标权的标识不相同、不近似；通过网络搜索原告的商标并不会出现与被告产品相关的信息，不会使消费者产生误认或认为被告销售的产品与原告存在某种联系，故原告的生产、销售行为未侵犯原告的注册商标专用权；由于存在刷单及退货的情形，被告产品的销量、售价与网页显示内容并不完全一致。鉴于被告巨大的生产销售成本、广告支出、退换货数量等因素，被告仍处于亏本销售状态，不存在获利。

【审理结果】

温州市瓯海区人民法院经审理认为：原告基于商标侵权提起诉讼，本院作为被告住所地法院对本案有管辖权。根据民法通则第一百四十六条的规定，侵权行为的损害赔偿，适用侵权行为地法律。被控侵权行为发生在中华人民共和国，故本案纠纷的解决应适用中华人民共和国法律。原告在中国商标局注册的第1489454、G730835、169865号注册商标，尚在有效期内，受中国法律保护。原告依据《商标国际注册马德里协定》在中国注册了第G730835号商标，该商标在商标国际注册簿的商标说明中载明：商标包括三条平行杠，平行杠颜色与鞋形成对比；鞋的轮廓图仅为显示商标如何使用于鞋上，并不是商标的组成部分。因中国为《商标国际注册马德里协定》的缔约国，商标国际注册申请中的具体项目与该商标在基础注册国的具体项目相符，故原告在中国注册的第G730835号商标受法律保护的标识为三条平行杠，非整只鞋子。依据商标法第五十七条第（二）项、第（三）项的规定，未经商标注册人的许可，在同一种商品上使用与其注册商标近似的商标，或者在类似商品上使用与其注册商标相同或者近似的商标，容易导致混淆的；销售侵犯注册商标专用权的商品的，均属侵犯注册商标专用权的行为。本案中，原告注册的第1489454、G730835、169865号注册商标核定使用商品类别均包括鞋子，被告销售的被控侵权商品与原告注册商标核定使用的商品为同一种商品。经庭审比对，被控侵权鞋1除条纹边缘有锯齿状外，鞋背两侧平行条纹的数量、排列方式及位置与第G730835号注册商标基本一致，条纹边缘是否锯齿状的细小差别不能导致其整体不相近似；被控侵权鞋2鞋背两侧平行条纹的数量、排列方式及位置与第 G730835 号注册商标基本一致，区别在于被控侵权鞋 2 第三条条纹略短且条纹上有细小的圆形斑点；鞋舌、鞋面中部及鞋后跟处均有标识，该标识上半部的与原告注册的第 1489454 号商标的排列方式及整体造型基本一致，但斜杠数量为四条。故被告在被控侵权鞋 2 上使用及三条纹标识会造成相关公众的误认和混淆。被控侵权鞋 3，在鞋舌位置使用标识，与原告注册的 169865 号商标在视觉上基本无差异，仅标识图案中间部位的叶子数量由一片变为两片。

综上，被告在上述鞋子上使用与原告注册商标相近似的标识，构成对原告注册商标权的侵犯，无论被告在其生产销售的鞋子及吊牌或包装上是否标有自己的商标，都无法成立不侵权的有效抗辩，故被告主张的不相近似且未造成相关公众的误认、混淆的理由不能成立，本院不予采纳。关于赔偿数额，原告主张适用法定赔偿，鉴于被告采线上销售模式，消费者已超出地理空间的限制，且侵权时间持续较长，被控侵权商品的销量亦达十几万双，结合原告为制止被告侵权、进行本案诉讼支出的合理费用等因素，本院酌情确定本案的赔偿数额为人民币 120 万元。故作出由被告小金蛋公司立即停止侵害并赔偿原告阿迪达斯公司经济损失 120 万元的判决。

双方当事人均未提起上诉，目前被告已主动履行判决义务。

［评析］

线上销售商品的商标侵权判定及赔偿数额的确定

一、注册商标标识保护范围的确定

第 G730835 号商标是原告通过《商标国际注册马德里协定》注册的，其初始注册地为德国。根据《商标国际注册马德里协定》第三条的相关规定：每一个国际注册申请必须用细则所规定的格式提出；商标原属国的注册当局应证明这种申请中的具体项目与本国注册簿中的具体项目相符合，并说明商标在原属国的申请和注册的日期和号码及申请国际注册的日期。本案涉诉商标在商标国际注册簿的商标说明中载明：商标包括三条平行杠，平行杠颜色与鞋形成对比；鞋的轮廓图仅为显示商标如何使用于鞋上，并不是商标的组成部分。所以认定上述商标所对应的标识应为三条纹，而非整支鞋子。

二、商标比对的司法判断

《最高人民法院关于审理商标民事纠纷案件适用法律若干问题的解释》（以下简称《解释》）第十条规定："……认定商标相同或者近似按照以下原则进行：（1）以相关公众的一般注意力为标准；（2）既要进行对商标的整体比对，又要进行对商标主要部分的比对，比对应当在比对对象隔离的状态下分别进行；（3）判断商标是否近似，应当考虑请求保护注册商标的显著性和知名度。"

（一）"相关公众"和"一般注意力"

《解释》第八条规定："商标法所称相关公众，是指与商标所标识的某类商品或者服务有关的消费者和与前述商品或者服务的营销有密切关系的其他经营者。"所以相关公众不是特定的个体，而是一个群体概念。"一般注意力"强调的是注意程度。

（二）商标比对

商标比对应遵循隔离比对、整体比对、要部比对的原则，比对的方式应当趋近于普通消费者接触、认知商标的方式。

整体比对是对商标整体进行的观察比较。商标标识不会零散地进入普通公众的认知视野，而是以整体形象留存于相关公众的认知，故而商标比对时商标整体标识如无明显巨大差别，细微差异的存在并不足以妨碍整体近似的构成，仍有导致消费者混淆、误认的可能。当然，商标最突出部分仍然是标识整体之外最能引起相关公众注意的部分，也正因为如此，人们才会忽略近似商标之间设计上存在的细微差别①。

本案在进行隔离比对的情况下，通过综合运用整体比对和要部比对，认定被告在被控侵权商品上使用的标识与原告的注册商标相近似，构成对原告注册商标权的侵犯，无论被告在其生产销售的鞋子及吊牌或包装上是否标示自己的

① 湖南省长沙市中级人民法院民三庭：《商标相同或近似的司法判断》，载《人民司法》2006年第8期。

独立商标，都不能成立不侵权的有效抗辩，故被告的不相近似且未造成相关公众的误认、混淆的理由不能成立，本院未予采纳。

二、赔偿数额的确定

（一）法定赔偿的适用

商标法第五十六条规定侵犯注册商标专用权的赔偿数额是权利人因侵权受到的损失或者侵权人因侵权获得的利益，即全面赔偿。由于商标侵权侵害的不仅仅是权利人的现有市场利益，还有对商标价值、企业信誉的损害，而在现有知识技术条件下，如此有未来利益属性的损害很难得以量化计算，事实上侵权人也会消极举证，有所选择地对其获益、侵权成本等进行模糊化，全面赔偿原则难以在实践中得以运用。

本案审理过程中，被告提供了有关生产成本、销售成本、广告投入、退换货等方面的相关证据，力图证明被告生产成本高、销售数量少，侵权行为未有获利且仍处于亏损状态。经审查，被告提供的上述证据除广告费发票外其真实性关联性均无法确定，无法证明待证事实，故对其相应主张法院未予采纳。根据双方当事人提供的有效证据，本案注册商标所有权人的损失、注册商标许可使用相关费用、被控商标侵权行为的获利等项目均无法确切查明，故本案原告主张适用法定赔偿，本院予以认可。

（二）确定法定赔偿数额应考虑的因素

商标法第六十三条赋予法官根据侵权行为情节确定法定赔偿数额的自由裁量权，而全面赔偿原则中确立的赔偿依据即权利人因侵权受到的损失或者侵权人因侵权获得的利益，虽然难以具体量化，但如根据现有证据可以查明其部分获益数额，其理所应当被纳入法定赔偿数额计算的衡量因素。

《最高人民法院关于审理商标民事纠纷案件适用法律若干问题的解释》第十六条也规定，人民法院在确定赔偿数额时，应当考虑侵权行为的性质、期间、后果，商标的声誉，商标使用许可费的数额，商标使用许可的种类、时间、范围及制止侵权行为的合理开支等因素综合确定。

因此实践中，刑事量刑规范化的技术性手段十分值得商标侵权民事案件审理借鉴，[①] 产品销售时间是侵权持续时间的侧面反映，非完全统计的销售数

① 朱君全：《商标侵权赔偿数额确定的实证考察》，载《知识经济》2013 年第 2 期。

额、成本、售价等因素也能够从基础层面上概括计算侵权现获利益，以此确定计算基数，继而根据注册商标的知名度、美誉度，结合侵权人认赔态度，综合确立赔偿数额。本案中，原告注册商标“三叶草”于2012年被商标评审委员会认定为驰名商标，“三斜杠”商标历经多年使用与维护，均已享有较高知名度，使用该商标的鞋类产品亦享有较高认知度和美誉度。被告经营渠道为线上销售，已知消费者、潜在客户已超出地理空间的约束，侵权时间持续最长达一年，已查明的被控侵权商品销量已有十几万双，销售额近千万元，结合原告为制止被告侵权、进行本案诉讼支出了合理的费用，法院酌情确定本案的赔偿数额为人民币120万元。

三、网络电子数据的认定方法

随着电子科技迅猛发展，网页、微信、邮件等电子载体越来越深刻地融入人们的生活，成为民事活动的重要载体。本案中，被告通过网络旗舰店线上销售侵犯原告商标权的商品，商品的许诺销售、销售价格、交易记录、销售时间等与侵权情节相关的事实均是以电子数据的形式呈现出来。2012年修正民事诉讼法规定了电子数据为新的证据类型。关于电子数据的认定，结合本案的审判实践，应明确以下几点。

（一）电子数据应当通过适当方式进行固定

电子数据的存储和展示需要借助一定的技术手段和平台载体。电子数据基于其载体的特性极易遭到破坏和篡改，这种篡改甚至很难被察觉，因此电子数据的固定就显得十分必要。实践中电子数据通常通过打印、拷贝、摄影摄像、制作勘验或调查笔录、查封或扣押设备、公证等方式予以固定，公证凭借其高效率、高可靠性等优点，在实践中得以高频率的使用。本案中，原告通过对其购买物证、收集侵权信息的过程和结果进行公证，对电子数据予以高效便捷的保存和固定。

（二）电子数据的采纳标准与证明力评价标准相区别

证据认定应以真实性、关联性、合法性为标准，在采纳证据的基础上，应当对证据有无证明力及证明力大小进行判定。相对于证据三性，证明力更关注证据的可靠度、关联度和完整度。电子数据的可靠程度，主要从电子数据生成系统的可靠程度以及是否能够被修改等角度判断；关联度考虑的是电子数据反映的事实与本案争议焦点的联系紧密程度；完整度考虑的是已经固定的电子是否完整，是否能反映全部的客观事实。

（三）电子数据证明力比较的一般规则

电子数据证明力比较规则的意义在于解决存在多份电子数据或电子证据出现矛盾时的证据认定问题。一般的评判规则包括：（1）经过公证的电子数据的证明力大于一般的电子数据；（2）自动生成的电子数据的证明力大于人为刻意生成的电子数据；（3）从保存主体而言，不利方保存的电子数据证明力最大，而中立第三方提供的电子数据的证明力大于有利方自行保存的电子数据。

本案中，公证书通过复制网页的方式对被诉侵权行为的销量与销售价格进行了保存，起到了固定电子数据的作用。被诉侵权商品的销量数据是由天猫网自动生成，原、被告均无法修改，其可靠程度高。关于销售价格，因网页保存的价格为保存当时的销售价格，同款商品在销售过程价格会发生变化，即使同一时间，网页显示的销售价格和实际成交价格可能存在差异（因为销售客服可以自行修改）。故本案中，法院能够准确认定销量，却不能准确认定销售金额。

如皋市金城电信安装有限公司与吴某甲、吴某乙追偿权纠纷案

张峥嵘*

【基本案情】

如皋市人民法院经审理查明：2015 年 1 月 16 日如皋市金城电信安装有限公司（以下简称金城公司）与中国电信如皋分公司签订了 2015 年度通讯线路维修施工框架协议，金城公司承担 2015 年如皋市通信线路维修工程的工程建

* 作者单位：江苏省南通市中级人民法院。

设施工工作。在该框架协议中明确了金城公司的权利义务，其中，明确了金城公司必须有具备法定资质的施工人员参与工程施工，不得使用挂靠队伍；每个具体项目至少配备1名现场项目负责人；凡具体项目施工过程中发生的一切人身及财产损害，由金城公司负责解决，并承担全部责任；金城公司应按照要求签订《施工现场安全协议书》并在各具体项目的施工建设中严格履行《施工现场安全协议书》的各项约定；依照安全费用的使用和管理程序，建立安全生产费用预算，保证具体项目中安全生产费用的专款专用，用于施工安全防护用具及设施的采购和更新及安全生产条件的改善，安全生产管理的加强，不得挪作他用等等。该协议签订后，金城公司在2015年5月经贲红兵引荐与吴某甲、吴某乙相识，由金城公司雇请吴某甲为迁改施工队队长，吴某乙为施工员，未签订书面合同。由金城公司指令两人实施施工，金城公司为两人投保了意外伤害保险。2015年7月30日8时许吴某甲、吴某乙在如皋市白蒲镇斜庄居16组路段施工放线过程中，由于光缆线需要横穿乡村公路未采取安全措施，未设警示标志，光缆线挂在空中，导致经过此地骑电动自行车的陆某某被光缆线刮到受伤，经抢救无效当日死亡。2015年12月18日陆某某的近亲属焦国珍等向一审法院起诉要求金城公司、吴某甲、吴某乙赔偿因陆某某死亡造成的各项损失463115.68元，经庭后调解，由金城公司一次性赔偿陆某某死亡造成的各项损失计410000元且已履行完毕。金城公司于2016年7月5日向一审法院起诉，对吴某甲、吴某乙行使追偿权，请求法院判令两人立即给付金城公司支付的赔偿款410000元及诉讼费用。

【裁判结果】

如皋市人民法院认为，公民的生命健康权受法律保护，侵害公民身体造成死亡的应当支付丧葬费、死亡赔偿金、精神抚慰金等损失费用。本案中的双方对造成陆某某的死亡均存在过错。金城公司的过错为：首先，金城公司违反与中国电信如皋分公司签订的2015年度通讯线路维修施工框架协议的内容，使用不具备法定资质的吴某甲、吴某乙参与施工；其次，金城公司疏于管理，缺乏安全意识，在施工现场无警示标志，无专职安全员到现场管理，检查督促，尤其对线路需要经过道路上空未经申报批准，更没有设警示标志，派专人监管，对事故的发生存在过错，应承担一定的责任。吴某甲、吴某乙的过错为：首先，明知自己不具备线路维修施工资质，而积极参与；其次，在施工过程中，存在盲目操作，未能按照施工前所进行的安全教育事项施工，缺乏安全意识，对施工中线路需要经过道路上空的情况，不请示不汇报，不采取安全防范措施，放任了事故的发生，对事故的结果应负主要的责任。吴某甲、吴某乙辩称对造成陆某某的死亡损失赔偿数额确定，未征得本人同意，陆某某的近亲属的诉讼请求标的463115.68元及诉讼费1360元，法院在审理中不存在扩大损失，调解由金城公司赔偿410000元的数额在法律规定的范围内。该款金城公司已进行了赔偿，法院予以确认。雇员在从事雇佣活动中致人损害的，雇主应当承担责任。雇员故意或者重大过失致人损害的，应当与雇主承担连带赔偿责任。雇主承担赔偿责任的，可以向雇员追偿。综合考虑本案实际情况，法院酌定吴某甲、吴某乙对金城公司垫付410000元承担70%的返还责任。

据此，依照《中华人民共和国民法通则》第八十四条、第一百零八条、《最高人民法院关于审理人身损害赔偿案件适用法律若干问题的解释》第九条、第十一条规定，判决：一、吴某甲、吴某乙给付金城公司因陆某某死亡造成的损失410000元其中的287000元，于判决生效后立即给付，其余损失由金城公司自负。二、驳回金城公司其他诉讼请求。案件受理费7450元，由金城公司负担2235元，吴某甲、吴某乙负担5215元。

宣判后，吴某甲、吴某乙上诉请求：撤销一审判决，改判驳回金城公司的诉讼请求。事实和理由：（1）一审认定事实错误。至事故发生之日，上诉人进入公司工作仅两个月，被上诉人未给上诉人任何安全教育和培训。事故发生当天，无安全员和质检员到场。为保障安全，上诉人要求被上诉人发放安全生产指示牌，被上诉人也拒绝。上诉人的工作完全听从被上诉人的安排，施工原材料的获取、施工的时间、地点、方式等均由被上诉人统一安排。事发当天，被上诉人明知其所安排铺设的电缆线要横穿马路，仍安排上诉人进行施工。施工之前，被上诉人没有提醒注意事项，也没有采取必要的措施对现场进行保护。被上诉人的施工安排导致事故发生，上诉人不应承担任何责任。（2）上诉人与被上诉人之间系雇佣关系，上诉人在雇佣活动中致人损害，应由被上诉人承担责任。

金城公司辩称：（1）一审已经查明被上诉人对上诉人进行过安全教育，上诉人在一审庭审笔录中予以承认；（2）上诉人与被上诉人之间系雇佣关系，由于上诉人在雇佣活动中存在重大过错，根据最高人民法院的司法解释规定，被上诉人可以追偿。一审判决认定事实清楚，适用法律正确，请求二审法院驳回上诉，维持原判。

南通市中级人民法院认为，雇员在从事雇佣活动中致人损害的，雇主应当承担责任。雇员故意或者重大过失致人损害的，应当与雇主承担连带赔偿责任。雇主承担赔偿责任的，可以向雇员追偿。根据上述规定，雇员存在故意或重大过失，才承担责任。本案中，吴某甲、吴某乙明知自己不具备线路维修施工资质，却受雇于金城公司参加施工，其二人作为现场施工人员，缺乏安全意识，盲目操作，未能采取安全防范措施，导致事故发生，应当认为二人对本起事故的发生存在重大过失。雇主享有追偿权主要在于公平合理分担损失。在雇佣关系中，雇主作为组织管理者，通过对生产经营流程的设计和管理，对雇员进行支配，实现其利益，其获得的收益远大于雇员获得的报酬。雇员的行为受雇主的支配，具有依附性，雇员实为雇主创造经济利益，故在雇员存在重大过失的情形下，雇主追偿权的比例不应超过50%，本院综合本案情形，酌情确定吴某甲、吴某乙对金城公司垫付的410000元承担40%的返还责任。南通市中级人民法院遂改判吴某甲、吴某乙给付金城公司因陆某某死亡造成的损失410000元中的164000元。

[评析]

雇主追偿权行使的条件和比例

本案涉及两大问题，一是雇主追偿权在何种情况下能够行使，二是雇主追偿权的比例应当如何控制。雇主追偿权是指由于雇员故意或者重大过失导致侵权发生的情况下，雇主在承担雇主责任之后，向雇员追偿权的权利。

一、雇主追偿权存在的法理基础

雇主追偿权的存在源于替代责任。“替代责任”（vicarious liability）是普通法系国家侵权法所使用的法律概念，大陆法系国家法律学说上与之相似的概念是“为他人的行为负责”（liability for the acts of others）。[①] 替代责任是指行为人就第三人实施的侵权行为对受害人承担侵权责任。其基本特征在于责任人

① ［荷兰］J·施皮尔主编：《侵权法的统一——对他人在成的损害的责任》，梅高英、高圣平译，法律出版社2009年版，第385页。

与致害的行为人相分离，但因特定关系而由责任人作为赔偿义务主体承担赔偿责任。替代责任产生的依据在于利益关系说。因为替代责任人能够从行为人那里得到利益，替代责任人应当对行为人给受害人造成的损害承担替代责任。雇佣即是此类特定关系的一种。替代责任顾名思义是代他人承担责任，最终的责任承担则涉及追偿权，替代责任中追偿权的有无取决于侵害人有无过错及过错程度。

二、雇主追偿权行使的条件

1. 雇员存在一般过失，雇主不享有追偿权。雇佣关系中雇主的意志往往代表着双方的意志，所以正常的工作导致的侵权不能归咎于雇员，此种情况下，雇员行为即是雇主行为，产生的责任即雇主的指示责任，雇主应当自行承担。而且更为重要的是，雇员的一般过失与损害结果不具备必然的因果关系，如将一般过失作为雇主获得追偿权的依据，会使雇员轻易即处于承担终极责任的风险之下，不利于雇主责任制度的设计，也达不到立法所追求的积极的社会效果。

2. 雇员存在故意或重大过失，雇主才享有追偿权。雇员是否有故意或重大过失，在一般情况下，均由雇主承担替代责任，只有在雇员存在故意或重大过失的情况下，雇主才享有追偿权，因为雇员在复杂的劳动作业中，失误是难免的，不加区分地让雇员作为最终的责任承担者是有失公允的。关于故意，是指明知危害结果会发生，仍追求或放任结果的发生。如果雇员主观上存在对侵权行为的故意，即意味着雇员的行为已不属于雇主意志所追求的的工作目的，系雇员的个人行为，后果自然应当由雇员个人承担。关于过失，民法理论上存在主观说和客观说。主观说认为过失是一种应受谴责的个人心理状态，包括经意的过失和不经意的过失。① 客观说认为过失是对义务的违反，这种义务是侵权人能够履行并认识到的。实践中倾向于客观说，民法上的过失认定标准应当区别于刑法，民法尤其是侵权行为的目的在于合理分配损失，对过失的认定应当采取客观说为宜。② 笔者赞同采取客观说，过失即是对注意义务的违反，重大过失是指行为人因疏忽或过于自信，不仅没有遵守法律上较高的注意要求，甚至连人们一般应该注意并能够注意的要求都未达到，以致造成某种后果。本

① 王家福、梁慧星主编：《民法债权》，法律出版社1991年版，第457页。

② 王泽鉴：《侵权行为法》，中国政法大学出版社2001年版，第458页。

案中雇员的过失表现在：（1）明知自己不具备线路维修施工资质，而积极参与；（2）未能按照施工前所进行的安全教育事项施工，缺乏安全意识；（3）施工中线路需要经过道路上空，一般人也也注意到可能存在其他车辆碰擦的风险，但二人不采取安全防范措施。

三、雇主追偿比例的认定

在雇员故意或重大过失的情况下，雇主享有向雇员的追偿权。雇主追偿权的数额，根据公平和利益衡平原则来确定。我国民法总则确认了民事活动应当遵循公平原则，公平是以利益均衡作为价值判断标准来调整民事主体之间的物质利益关系的原则。在雇佣关系中，雇员的劳动直接为雇主创造利润，雇员的侵权行为造成的损失应当计入雇主的生产成本和经营风险，所受损失应当参照双方的收益比例，合理地划分责任。实践中，雇主追偿比例可从以下几个方面来认定。

1. 雇员存在侵权故意，如上文所述，雇员的行为已不属于雇主意志所追求的工作目的，系雇员的个人行为，后果自然应当由雇员个人承担。雇主享有100%的追偿。

2. 雇员存在重大过失，此种情况下雇主的追偿比例较为复杂，主要考虑几个因素：第一，雇主和雇员的身份情况，如果雇主系正规的企业，其抗风险能力要强与一般个人，更能避免损失的发生，故其追偿比例应严格控制。第二，雇主和雇员的受益情况，雇员履行职责所产生的收益是为雇主带来效益，雇主向雇员的付出是较小的，受益却较大，雇主也因此承担较大风险。如果雇主受益大，追偿比例则应当较小。实践中要结合不同行业、不同工作种类和不同的劳动安全条件来进行确定。第三，雇主对雇员尽义务情况。雇主应负有选任、监督、管理等义务，应当定期对雇员进行教导和技能培训，如雇主在此方面较为完善，则可以减轻其责任，也即其追偿比例较大。一般而言，在雇员存在重大过失的情况下，雇主追偿的比例不应超过50%。本案中，考虑到雇主系从事专业施工的公司，且选任吴某甲、吴某乙存在不当，无专职安全员到现场管理，一审判决其追偿比例明显过高，二审调整为40%公平合理。

[《民法总则》条文理解与适用]

第十七条 十八周岁以上的自然人为成年人。不满十八周岁的自然人为未成年人。

【条文对照】

民法通则第十一条 十八周岁以上的公民是成年人，具有完全民事行为能力，可以独立进行民事活动，是完全民事行为能力人。

十六周岁以上不满十八周岁的公民，以自己的劳动收入为主要生活来源的，视为完全民事行为能力人。

【条文主旨】

本条是关于法定成年年龄的规定。

【条文理解】

成年人和未成年人，是根据年龄对自然人作的一个划分，这个划分是周延性的，也就是说，一个自然人，或者为成年人，或者为未成年人，不存在中间区域。法律规定一个成年年龄，达到成年年龄的自然人称为“成年人”，未达到成年年龄的自然人就被称为“未成年人”。世界各国根据本国公民的生理、智力发育、习惯和社会要求，对成年年龄的规定不同。我国一直是以十八周岁作为法定成年年龄，主要是考虑十八周岁之后，一般来说自然人的身体和智力发育已经成熟，对自己的行为应能负责。我国法律规定在这方面保持了一致性，比如民法通则第11条第1款规定，“十八周岁以上的公民是成年人……”，未成年人保护法第2条规定，“本法所称未成年人是指未满十八周岁的公民”，也就是说，是否年满十八周岁是区分成年人和未成年人的唯一标准，只要满了十八周岁，无论其性别、经济状况如何，无论其实际的身体和智力发育情况如何，都属于成年人；另一方面，从刚出生的婴儿到十八周岁以内的任何一个年龄层的自然人，不论其性别、民族、家庭出身、文化程度如何，都属于未成年人的范围。所以，“成年人”和“未成年人”都是法律概念，它们的界限是明确的，是由法律直接规定的。

本条规定也沿用了民法通则第11条的规定，将十八周岁作为法定成年年龄，这与未成年人保护法的规定也是一致的，其中，“十八周岁以上”包括十八周岁本数，“不满十八周岁”则不包括十八周岁[①]。举例来说，假设一个自然人出生于2000年1月1日，则到2018年1月2日0时，其才算年满十八周岁，成为成年人[②]。在此之前，即使是2018年1月1日，其都算未满十八周岁，属于未成年人。

法律上区分成年人和未成年人，有很重要的意义：（1）根据我国宪法第34条规定，“中华人民共和国年满十八周岁的公民，不分民族、种族、性别、职业、家庭出身、宗教信仰、教育程度、财产状况、居住期限，都有选举权和被选举权；但是依照法律被剥夺政治权利的人除外”。也就是说，只有年满十八周岁，才享有选举权和被选举权。（2）根据本法的规定，成年人原则上属于完全民事行为能力人（不能辨认自己行为或不能完全辨认自己行为的成年人除外），未成年人原则上不属于完全民事行为能力人（以自己的劳动收入为主要生活来源的十六周岁以上的未成年人除外）[③]。父母只是对未成年子女负有抚养、教育和保护的义务；同时，只有成年的子女才对父母负有赡养、扶助和保护的义务。[④] 未成年人适用监护制度。[⑤] 未成年人遭受性侵害的，其损害赔偿请求权的诉讼时效期间，自受害人年满十八周岁之日起计算。[⑥]（3）对于未成年人，有专门的未成年人保护法予以保护，其立法目的即在于“保护未成年人的身心健康，保障未成年人的合法权益……”。依据该法，未成年人享有生存权、发展权、受保护权、参与权等权利，国家根据未成年人身心发展特点给予特殊、优先保护，保障未成年人的合法权益不受侵犯。未成年人享有受教育权，国家、社会、学校和家庭尊重和保障未成年人的受教育权。该法对于未成年人的家庭保护、社会保护、学校保护、司法保护以及相应的法律责任均作了规定。（4）依据法律规定，成年人和未成年人在能否成为某些法律关系的主体方面存在区别，比如根据收养法第4条规定，只有不满十四周岁的未成年人可以被收养；根据劳动法第15条第1款规定，“禁止用人单位招用未满

---

① 本法第205条规定：民法所称的“以上”“以下”“以内”“届满”，包括本数；所称的“不满”“超过”“以外”，不包括本数。民法通则第155条有类似规定：民法所称的“以上”“以下”“以内”“届满”，包括本数；所称的“不满”“以外”，不包括本数。

② 根据本法第201条第1款规定“按照年、月、日计算期间的，开始的当日不计入，自下一日开始计算。”

③ 见本法第18条规定。

④ 见本法第26条规定。

⑤ 见本法第27条规定。

⑥ 见本法第191条规定。

16周岁的未成年人”；根据婚姻法第6条规定，未成年人不得结婚。（5）刑法上，这一区分意义更为明显，比如刑法第17条有关刑事责任年龄的规定，[①]再如该法第49条规定，“犯罪的时候不满十八周岁的人和审判的时候怀孕的妇女，不适用死刑”。所以，在刑事案件中，是否年满十八周岁往往成为法庭调查以及双方诉辩的重要焦点问题之一。[②]中国刑法之所以规定这样的犯罪、量刑年龄段，其目的是为了关心少年儿童的健康成长，对于他们发生危害行为时，坚持教育为主、惩罚为辅的方针，着重于教育、改造、挽救。纵观我国民事立法和刑事立法，其实都贯穿着这种精神，适应未成年人身心发展的规律和特点、体现了尊重未成年人的人格尊严、教育与保护相结合的原则。

【审判实践中应注意的问题】

一、十八岁应为公历周岁

首先，根据本法第200条规定，“民法所称的期间按照公历年、月、日、小时计算”，计算十八周岁时，应使用公历。所以，确定当事人的出生时间时，如果出生证明、户口登记或其他有效身份登记记载的为农历时间，应转换为公历，再按照转换后的公历时间为起始点计算是否年满十八周岁。

其次，按照我国有的地区的风俗习惯，年龄存在周岁、虚岁一说，根据各地风俗习惯不同，虚岁可能比周岁大一岁或两岁，但此仅为民间算法。法律规定的年龄都是按周岁计算，所以本条规定的十八岁应为十八周岁，而非虚岁。

二、成年人与未成年人的划分不完全等同于民事行为能力的划分

根据本法第18条至第22条的规定，法定成年年龄与民事行为能力的划分有一定关联，但又不完全对应，表现在：原则上，成年人为完全民事行为能力人，可以独立实施民事法律行为，但是不能辨认自己行为的成年人为无民事行为能力人，不能完全辨认自己行为的成年人为限制民事行为能力人；原则上，不满八周岁的未成年人为无民事行为能力人，八周岁以上的未成年人为限制民事行为能力人，但是十六周岁以上的未成年人，以自己的劳动收入为主要生活来源的，视为完全民事行为能力人。具体至民事诉讼中，根据民事诉讼法第

---

① 刑法第17条：“已满十六周岁的人犯罪，应当负刑事责任。已满十四周岁不满十六周岁的人，犯故意杀人、故意伤害致人重伤或者死亡、强奸、抢劫、贩卖毒品、放火、爆炸、投放危险物质罪的，应当负刑事责任。已满十四周岁不满十八周岁的人犯罪，应当从轻或者减轻处罚。因不满十六周岁不予刑事处罚的，责令他的家长或者监护人加以管教；在必要的时候，也可以由政府收容教养。”

② 参见聂昭伟：《多种证据材料互相矛盾时的被告人年龄认定》，载《人民司法·案例》2010年第14期。

57条规定“无诉讼行为能力人由他的监护人作为法定代理人代为诉讼”，但对于何为“无诉讼行为能力人”没有明确。《最高人民法院关于适用〈中华人民共和国民事诉讼法〉的解释》第83条对此做了细化：“在诉讼中，无民事行为能力人、限制民事行为能力人的监护人是他的法定代理人……”

第十八条 成年人为完全民事行为能力人，可以独立实施民事法律行为。

十六周岁以上的未成年人，以自己的劳动收入为主要生活来源的，视为完全民事行为能力人。

【条文对照】

民法通则第十一条 十八周岁以上的公民是成年人，具有完全民事行为能力，可以独立进行民事活动，是完全民事行为能力人。

十六周岁以上不满十八周岁的公民，以自己的劳动收入为主要生活来源的，视为完全民事行为能力人。

【条文主旨】

本条是关于完全民事行为能力人的规定。

【条文理解】

所谓完全民事行为能力，是指自然人能以其自己的行为独立享有民事权利，承担民事义务的资格。[①] 完全民事行为能力人，即为具备完全民事行为能力资格之人。民事行为能力的制度设计，使具有行为能力者，通过自己的法律行为享有权利和承担义务。自罗马法以来，民法均以一般人发育成长年龄为主要衡量指标，并以精神具体发育情况作为补充，建立了主要依据年龄和精神健全双重标准的抽象模式。符合标准年龄的自然人，如果没有极端精神不正常的情况，原则上均视为同样具有完全行为能力，得为有效法律行为，否则，一律视为欠缺行为能力。有的国家依年龄和精神状况采取二级制，区分所谓有行为能力和无行为能力；有的采取三级制，分为完全行为能力、限制行为能力和完全行为能力。[②] 不论对民事行为能力采取三级制的立法，抑或采取二级制的立法，对完全民事行为能力以年龄为依据作为区分标准基本较为一致。如德国、法国、意大利、瑞士等国立法均规定年满十八周岁为成年人，具有完全的民事

① 王利明：《民法总则研究》，中国人民大学出版社2012年版，第233页。

② 龙卫球：《民法总论》，中国法制出版社2006年版，第221页。

行为能力。而日本、我国台湾地区所规定的成年人年龄为年满二十周岁。此外，从域外的情况看，有的国家规定了“拟制成年”制度，即符合一定条件的未成年人则被视为成年，具有完全的民事行为能力。如俄罗斯民法规定，如果法律允许在年满十八岁之前结婚，则未满十八岁的公民自结婚之时起即取得完全的行为能力。日本民法规定，未成年人因结婚而视为成年。我国民法通则第11条规定，“十八周岁以上的公民是成年人，具有完全民事行为能力，可以独立进行民事活动，是完全民事行为能力人。十六周岁以上不满十八周岁的公民，以自己的劳动收入为主要生活来源的，视为完全民事行为能力人。”将以劳动收入为主要生活来源的十六周岁的未成年人视为完全民事行为能力人的规定，类似于域外的“拟制成年”制度。本次立法，沿袭了民法通则关于完全民事行为能力人的规定。

一、自然人行为能力的标准

纵观世界各国，对自然人行为能力标准的立法规定，不尽完全相同。自然人能否不加区别地具有平等的民事行为能力，此问题自古罗马法以来就有规定。罗马法中虽无行为能力一词的术语，但已有这一概念和内容。在罗马法上，并不是所有具有法律人格（权利能力）的人都享有行为能力，是否享有或是否完全享有行为能力，要根据一个人的年龄、性别和精神的健全与否等而定。① 关于年龄问题，古罗马人将人生分为未适婚阶段（未适婚人）和适婚阶段（适婚人）。法律为了保护年轻人的利益，规定以二十五岁为界，把适婚人分成未成年人和成年人。而把未适婚人，习惯地分为近幼儿和将适婚人，但这一分类完全根据个人的实际智能为依据而不以一定的年龄为准。后来改以七岁为幼儿和儿童的分界。对是否达到适婚年龄的判断，由家长鉴定。习惯上，女孩满十二岁为适婚人，但女子即使达到适婚年龄，其行为能力也要受到限制。而男子达到适婚年龄后，就可享有民法上完全的行为能力。帝政初期，在男子的适婚年龄问题上曾存在争议，主要分歧在于是否订立一个统一的标准的问题。肯定的主张认为应订立一个统一的标准，理由在于一个人是否适婚，不易检查确定，按当时一般青少年发育的情况，定为男子满十四周岁为适婚年龄，有利于划一实用。否定的主张则坚持传统的观念，认为人各不相同，一个人是否适婚以及是否具有处世的能力，应实事求是地依其身体和智力发展的程度而定。

---

① 周枏：《罗马法原论》，商务印书馆2009年版，第131页。

自罗马法以来，民法均以一般人发育成长年龄为主要衡量指标，并以精神具体发育情况作为补充，建立了主要以年龄和精神健全双重标准的抽象判断模式。符合标准年龄的自然人，如果没有极端精神不正常情况，原则上均视为同样具有完全行为能力，得为有效法律行为，否则，视为欠缺行为能力。现各国民法均承袭了罗马法的这一制度。

将成年人视为完全民事行为能力人，为各国立法通例。我国民法通则中也明确规定成年人为具有完全民事行为能力人。本次立法，承继了该精神，确定成年人为完全民事行为能力人是较为合理的。首先，在社会生活中，成年人通常情况下已经具有相当的社会经验和知识，并已能够独立生活和就业，具有完全的识别、判断和预见自己行为后果的能力。将成年人作为完全民事行为能力人的标准符合社会生活实际。其次，从域外国家的立法规定看，大多国家将成年人作为完全民事行为能力人的标准。该规定与国外的立法规定也一致，符合世界发展趋势。

二、具有完全民事行为能力的未成年人

从域外视角而言，有的国家或地区设立了“拟制成年制度”。如法国、日本和我国台湾地区均规定因结婚的未成年人取得民事行为能力。我国民法通则也规定了年满十六周岁不满十八周岁的未成年人，以自己的劳动收入为主要生活来源的，视为具有完全民事行为能力。十六周岁以上的未成年人因依法享有劳动权，可以通过劳动获得稳定的收入。他们可通过其自身能力，参与社会生活，并取得独立生活之地位，与成年人的判断能力并无实质性的差别。此处的“视为”为法律上的不可推翻的推定，“视为完全民事行为能力人”，亦即“即是”。法律上对是否具有行为能力的规定，是对所有自然人的民事行为能力的一般规定，但每个自然人的情况并不完全相同，是否具有完全民事行为能力，其情况也可能是有差别的。我国劳动法规定了十六周岁以上的自然人就享有劳动权，因此，赋予此类主体以完全民事行为能力人，有利于他们从事生产活动和生活活动，也符合我国社会的实际状况。

【审判实践中应注意的问题】

一、对民事行为能力的特殊要求问题

实务中，应特别注意民事部门法对民事行为能力人年龄及民事行为能力的特殊规定。民事部门法在某些方面，基于行为的不同，对自然人完全民事行为能力的年龄有着不同的要求。对一些重大、复杂行为，相较于一般行为能力需要行为人更高的判断能力。例如，《中华人民共和国婚姻法》第6条规定：

"结婚年龄，男不得早于二十二周岁，女不得早于二十周岁。晚婚晚育应予鼓励。"即对结婚的条件，男性为二十二周岁以上，女性为二十周岁以上才具有结婚能力，高于一般行为能力的年龄要求。相反，对一些简单的行为，相较于一般行为能力，则降低了行为人的判断能力。如《最高人民法院关于贯彻执行〈中华人民共和国民法通则〉若干问题的意见（试行）》第6条规定："无民事行为能力人、限制民事行为能力人接受奖励、赠与、报酬，他人不得以行为人无民事行为能力、限制民事行为能力为由，主张以上行为无效。"即对接受奖励、赠与、报酬的法律行为，不受一般行为能力的限制，无民事行为能力、限制民事行为能力人均可实施。对民事行为能力人的年龄及民事行为能力的特殊要求，需加以注意。

二、构成"主要生活来源"的标准

十六周岁以上的未成年人，视为完全民事行为能力的，应符合两个条件。一是有劳动收入；二是该劳动收入为其主要生活来源。应当注意的是，劳动收入不能等同于"财产"或者"收入"。视为完全民事行为能力的未成年人不在于其"经济状况"或者"财产状况"，而在于其因劳动而获得独立的社会地位。主要生活来源则是对劳动收入的限制，即劳动收入能够达到成为其主要生活来源的程度。

【域外立法例】

《俄罗斯联邦民法典》

第21条 1. 公民自成年起，即年满十八周岁之时起，完全具有以自己的行为取得并行使民事权利，为自己建立义务并履行民事义务的能力（民事行为能力）。

2. 如果法律允许在年满十八岁之前结婚，则未满十八岁的公民自结婚之时起即取得完全的行为能力。

因结婚而获得的行为能力即使在十八岁之前又离婚的情况下仍完全保留。

在法院确认婚姻无效时，法院可以判决未成年一方自法院确定的时间起丧失完全的民事行为能力。

第27条 1. 年满十六岁的未成年人，如果依照劳动合同工作，其中包括其他合同工作，或经父母、收养人或保护人的同意从事经营活动，可以被宣告为具有完全行为能力。

宣告未成年人为完全行为能力人（取得完全行为能力），经父母双方、收养人或保护人的同意时，根据监护和保护机关的决议进行；没有父母、收养人和监护人的同意时，须根据法院的判决进行。

2. 对已取得完全行为能力的未成年人的债务，其中包括致人损害而发生的债务，其父母、收养人或保护人不承担责任。

第十九条　八周岁以上的未成年人，为限制民事行为能力人，实施民事法律行为由其法定代理人代理或者经其法定代理人同意、追认，但是可以独立实施纯获利益的民事法律行为或者与其年龄、智力相适应的民事法律行为。

【条文对照】

民法通则第十二条　十周岁以上的未成年人是限制民事行为能力人，可以进行与他的年龄、智力相适应的民事活动；其他民事活动由他的法定代理人代理，或者征得他的法定代理人的同意。

不满十周岁的未成年人是无民事行为能力人，由他的法定代理人代理民事活动。

【条文主旨】

本条是关于八周岁以上未成年人民事行为能力的规定。

【条文理解】

所谓限制行为能力，又称不完全民事行为能力，它是自然人部分独立地，或者说在一定范围内具有民事行为能力。[①] 限制行为能力人，即为具备限制行为能力的民事主体。限制民事行为能力制度的设定目的在于对限制行为能力的保护优先于交易安全。[②] 古罗马法根据一个人的年龄、性别和精神的健全与否等而对具有法律人格（法律能力）的人是否享有行为能力进行判断。以限制行为能力为视角，古罗马法对此的规定体现在以下几个方面。一是儿童（指七岁以上的未适婚人），他们有限制的行为能力。不经监护人同意，儿童只能为纯获法律上利益的行为，如接受不附负担的赠与，否则，他们可享受权利而不承担义务。二是妇女。古罗马妇女在法律上的地位与男子是不平等的。除修女外，未婚女子都处在家长权之下，已婚妇女则处在夫权之下。他们没有独立的财产，所有的财产都归家长或丈夫所有。妇女如果因家长、丈夫死亡而成为自权人时，仍须处于监护权之下，由近亲实施监护，她们所为一切重大法律行

① 王利明：《民法总则研究》，中国人民大学出版社2012年版，第235页。

② 王泽鉴：《民法总则》，北京大学出版社2009年版，第250页。

为都须经监护人同意。所以，妇女只有限制的行为能力。三是浪费人。其是指滥用、挥霍财产，使本人和法定继承人的利益受到损害的人。起初，浪费人在某些情况下被宣告为无行为能力人。后来，大法官为了保护浪费人自身的利益，不论其挥霍的是不是祖产和有无法定继承人，只要他滥用无度，就可宣告，并规定浪费人可以有相当于儿童的限制行为能力，他不需经保佐人同意，就可为只享有权利而不负担义务的法律行为。[①] 法国继承、发展了罗马法的传统，对行为能力的确定，原则上以年龄和精神状态分为两级制，即区分为完全行为能力和限制行为能力。一是，不足十八岁为无行为能力人（在法国，无行为能力人实际是限制行为能力人）；二是，十八岁为成年，具有完全行为能力。后来修订的法例规定，精神正常的成年人为有行为能力，否则，无行为能力。法国民法对被监护的成年人和未成年人能够实施的法律行为的范围分别作出了不同的规定。对于被监护的未成年人，法律规定了两种方法：一是通过概括的规定，允许未成年人实施习惯上允许他们自行实施的一切行为，即未成年人日常生活所需要的、细小的、无须加以特别保护的行为。二是通过特别的法律条文对当事人的某些行为加以限定。例如，《法国民法典》第904条规定：年满十六岁但未解除监护的未成年人可以设立遗嘱处分其财产，但其处分财产的限度仅为法律准许成年人处分财产的半数。此外，上述未成年人还可以实施银行储蓄的存款或取款行为以及开设房屋储蓄账户。[②] 在德国，区分自然人行为能力也以年龄、精神状态为主要依据。限制民事行为能力人为满七岁以上之未成年人及因精神损耗、酗酒、浪费而被宣告禁治产之人为限制行为能力人。限制行为能力人需要实施的法律行为由其法定代理人代理，其单独实施的行为也可经法定代理人事先允许或事后追认而为有效。限制行为能力人应当经法定代理人同意而未经同意所单独实施的行为，为效力未定行为。但限制行为能力人得不经同意或追认而单独实施纯法律上利益的行为。此外，在德国理论界，有的学者主张，凡属所谓“中性行为”（指与行为人的财产毫无关系，既不给行为人产生法律上的利益，也不产生不利益的行为，如在征得权利人同意的情况下，处分不属于其自己所有的财产等），限制行为能力人均得有效实施。[③] 民法通则中对未成年限制民事行为能力的年龄的规定为十周岁以上。然而，随

① 周枏：《罗马法原论》，商务印书馆2009年版，第133~137页。

② 尹田：《民法典总则之理论与立法研究》，法律出版社2010年版，第226~227页。

③ ［德］迪特尔·梅迪库斯：《德国民法总论》，法律出版社2007年版，第428~429页。

着社会的不断发展和教育水平的不断提高，儿童的认知能力、适应能力及自我承担能力等均有很大的提高，降低限制民事行为能力的未成年人年龄下限标准基本达成一致，仅在确定具体年龄下限方面存在争议。[①] 本次立法在广泛征求意见的基础上，借鉴域外立法经验及我国实际情况，对限制民事行为能力的未成年人的年龄最终规定为八周岁以上。

一、未成年限制民事行为能力人的年龄

年龄是衡量一个人的知识和经验的标准。一般而言，自然人达到一定年龄后才能独立处理自己的事务，能够意识到自己的行为所产生的后果。从世界各国的立法规定看，年龄亦为自然人是否享有行为能力的重要衡量因素，并以此为依据将人的行为能力加以类型化区分。世界各国立法对行为能力受年龄因素的影响问题观点基本一致。然而，存在争议的是，未成年限制行为能力人的年龄标准如何设定，则争议较大。从域外立法规定看，各国规定亦不一致。如德国、我国台湾地区的立法规定未成年限制民事行为能力的年龄下限为七岁；俄罗斯、越南等国的立法规定未成年限制民事行为能力人的年龄下限为六岁。我国民法通则规定的未成年限制行为能力人的年龄下限为十周岁。该年龄下限是基于改革开放初期我国经济、文化的现状，是符合当事人的社会实际状况的。然而，经过改革开放三十多年的发展，我国的经济、社会等产生了巨大的变化，人们生活水平得到较大提高，未成年人心理、生理发育进程加快。现在未成年人的心智发育与立法初期相比，发生了很大的变化，我国青少年的成熟年龄普遍提前，认知能力也有所提高。由此，下调未成年限制行为能力人年龄下限的呼声高涨。本次立法，将民法通则中规定的未成年限制民事行为能力人的年龄下限标准从十周岁下调至八周岁。适当降低未成年限制民事行为能力人的年龄下限标准，是对未成年人一定程度自主决定自由的尊重，符合现代未成年人心理、生理发展特点，有利于未成年人从事与其年龄、智力相适应的民事活动，更好地尊重未成年人的自主意识，保护其合法权益。

二、纯获利益的民事法律行为和与年龄、智力相适应的民事法律行为

（一）纯获利益的民事法律行为

所谓纯获利益的行为，是指能够获得利益但不负法律上的负担。[②] 纯获利

---

① 注：草案三次审议稿规定的限制民事行为能力人年龄下限原为六周岁，因争议较大，最终确定的年龄下限为八周岁。

② 王利明：《民法总则研究》，中国人民大学出版社2012年版，第348页。

益的行为仅为限制行为能力人增加利益，其实施此类行为一般仅是单纯接受利益的意思表示。但对此理解，学界存在不同认识。如有的学者主张，“纯法律上利益”之要点在其“纯”字，故凡设有任何义务（不论财产义务或人身义务）者，无论其义务之大小或义务之内容（作为或不作为）如何，均不属此列。[①] 我们认为，考虑某种行为是否是纯获利益的行为，不仅要考察该行为能否给未成年人带来利益，还要注意到该行为是否给未成年人同时产生负担，尤为注意的是负担的承担最终是否能让未成年人获取利益，但附负担的赠与不能认为是纯获利益行为。但如果负担与获得的利益相比，明显不对称，未成年人获得的利益远远高于其承受负担所遭受的不利益，那么这种合同也可以认为是纯获利益的合同。[②] 另外值得注意的是：赠与人对未成年人的赠与虽不让未成年人有负担行为，但却让该负担行为由未成年人的监护人直接或间接承担，甚至让监护人利用公权力承担负担行为，则此种未成年人的纯获利益就演变成交易，甚至是非法交易。在此情况下，未成年人的监护人有权通过监护权的行使，拒绝接受此类赠与。

（二）与年龄、智力相适应的民事法律行为

基于民事行为的复杂及简易之分，无视民事行为的难易性质，一律否认未成年限制民事行为能力人的行为效力，实无必要，亦会给生活带来不便。在英美法中有所谓的必需品理论（doctrine of “necessaries”）。根据1979年《英国货物买卖法》第3节的定义，“必需品”是“与未成年人的生活条件……和与其在出售和交付时的实际需要相适应的物品”。因此，何谓“必需品”，应以未成年人的经济能力、身份、地位、职业等各种情况为标准来判断。[③] 在我国的实际生活中，未成年的限制民事行为能力人可以从事一些日常生活所必须的民事活动，否则的话，会不当限制其行为自由，也造成生活的不便。此类行为包括购买零食、学生购买文具用品、少女购买脂粉等，固不待言；就现代社会而言，它尚应包括看电影、适当玩玩电动玩具、儿童乐园坐云霄飞车；农村的孩子为父母出卖一些价值较低的蔬菜、果品等农产品亦可在内。由此，赋予未成年限制民事行为能力人可从事与其年龄、智力相适应的民事法律行为，既有利于保障未成年人的行为自由，也有利于社会生活秩序的稳定。

---

① 尹田：《民法典总则之理论与立法研究》，法律出版社2010年版，第340页。

② 王利明：《民法总则研究》，中国人民大学出版社2012年版，第348页。

③ 杨桢：《英美契约法论》，中国政法大学出版社1997年版，第264页。

【审判实践中应注意的问题】

对未成年人实施的民事法律行为是否与年龄、智力相适应的判断问题。实务中，未成年限制民事行为能力人所实施的行为，是否与其年龄、智力相适应的判断，应根据具体情况，通过个案审查的方式予以确定。作为具体的判断因素，一般而言，可从行为与本人生活相关联的程度、本人的智力能否理解其行为，并预见相应的行为后果，以及行为标的数额等方面认定。

【域外立法例】

《俄罗斯联邦民法典》

第 26 条　1. 年满十四岁不满十八岁的未成年人，除本条第 2 款规定法律行为外，在实施法律行为时须有自己的法定代理人——父母、收养人或保护人的书面同意。

上述未成年人实施的法律行为，如事后得到其父母、收养人或保护人的书面赞同，亦属有效。

2. 年满十四周岁不满十八周岁的未成年人，有权独立地，即不经父母、收养人和监护人同意：

（1）处分自己的工资、奖学金和其他收入；

（2）行使科学、文学或艺术作品、发明或其他受法律保护的智力活动成果的著作者的权利；

（3）依照法律在信贷机构存款并处分这些存款；

（4）实施小额的日常生活性法律行为和第 28 条第 2 款规定的其他法律行为。

未成年人自年满十六周岁时起还有权依照合作社法的规定成为合作社的成员。

3. 年满十四周岁不满十八周岁的未成年人对他们依照本条第 1 款和第 2 款实施的法律行为独立承担财产责任。上述未成年人依照本法典的规定对他们造成的损害承担责任。

4. 在有充分根据时，法院根据父母、收养人或保护人的申请及监护和保护机关的申请可以限制或剥夺年满十四周岁不满十八周岁的未成年人独立处分其工资、奖学金或其他收入的权利，但未成年人依照本法典第 21 条第 2 款或第 27 条完全获得行为能力的情形除外。

《最新法律文件解读》丛书
稿 约

《最新法律文件解读》是一套以为最新法律规范提供同步“解读”为主的系列丛书，分为刑事、民事、商事、行政与执行 4 个分册，按月出版。

本丛书以“解读”为重点，突出全、专、新、快、准等特点，通过对最新出台的法律、法规、司法解释、部门规章以及重要地方性法规进行同步动态解读，弥补了法律、法规、司法解释汇编类出版物没有同步阐释、解读内容的不足，为广大读者学习理解最新法律规范，正确贯彻执行法律文件，及时解决实践中的新情况、新问题，提供一个全方位、多层面的法律信息平台。

欢迎您向以下栏目赐稿：

【最新法律文件解读】主要是对最新颁行的法律文件进行解读，帮助司法和执法人员正确理解法律文件的立法背景、意义、重点内容、在适用中应注意的问题、与相关法律文件的衔接与互动关系等等。

【司法实务问题研究】主要刊登对司法理论、实务及司法管理工作中的热点、疑难问题进行研究及评论的文章。

【新类型疑难案例选评】主要是对司法和行政执法实践中具有典型性和代表性的疑难案例，结合具体案情以及审理或处理结果进行简练精辟的点评，解析认识问题的方法、处理问题的法律依据和在个案中的具体适用。

【法学前沿与新视点】以摘要的形式刊登相关法学理论研究的最新动态及具有代表性和典型性的前沿问题，扩展法学研究的深度和广度。

【法律适用问题解答】主要针对司法和行政执法实践中面临的新问题、热点问题、疑难问题进行简要的解答，指出涉及的法律关系，明确法律适用依据。

稿件一经刊用，即付稿酬，稿酬从优。

《刑事法律文件解读》 姜 峤 邮箱：bj85250573@126.com
《民事法律文件解读》 丁丽娜 邮箱：dlnlaw@163.com
《商事法律文件解读》 路建华 邮箱：shangshijiedu@126.com
《行政与执行法律文件解读》 张 奎 邮箱：271717306@qq.com

人民法院出版社

《最新法律文件解读》丛书编辑部

❋欢迎订阅❋

人民法院出版社 2019 年连续出版物

《中国审判指导》丛书

1.**《民事审判指导与参考》**

最高人民法院民事审判第一庭编。全年 4 辑，每辑 50 元，共 200 元。

2.**《商事审判指导》**

最高人民法院民事审判第二庭编。全年 2 辑，每辑 50 元，共 100 元。

3.**《立案工作指导》**

姜伟主编，最高人民法院立案庭编。全年 2 辑，每辑 50 元，共 100 元。

4.**《审判监督指导》**

孙华璞主编，最高人民法院审判监督庭编。全年 4 辑，每辑 50 元，共 200 元。

5.**《知识产权审判指导》**

陶凯元主编，最高人民法院民事审判第三庭编。全年 2 辑，每辑 50 元，共 100 元。

6.**《涉外商事海事审判指导》**

罗东川主编，最高人民法院民事审判第四庭编。全年 2 辑，每辑 50 元，共 100 元。

7.**《中国少年司法》**

杨万明主编，最高人民法院少年法庭指导小组编。全年 4 辑，每辑 50 元，共 200 元。

《最新法律文件解读》丛书

共 4 种：《刑事法律文件解读》《民事法律文件解读》《商事法律文件解读》《行政与执行法律文件解读》，每种每月 1 辑，每辑 22 元，每种全年 264 元。

《判解研究》，王利明教授主编，中国人民大学民商事法律科学研究中心主办。全年 4 辑，每辑 58 元，共 232 元。

《司法文件选》，最高人民法院研究室编，全年 12 辑，每辑 6 元，共 72 元。

《司法文件选解读》，最高人民法院研究室编，全年 12 辑，每辑 7 元，共 84 元。

银行汇款方式：
开户银行：工行王府井金街支行
账号：0200000709004606170
开户名称：人民法院出版社
传真：010－67550541

邮局汇款方式：
邮编：100745
地址：北京市东城区东交民巷 27 号
联系人：人民法院出版社
咨询电话：010－67550538　67550536

上述图书，邮购请加 15% 邮费。